# 修造

REBORN OF THE RELICS

曹庆励 著

中国轻工业出版社

# 序一

Preface I

## 修造个体的生命形态
### ——观曹庆励器物创作有感

郑娜博士，独立策展人、中国美术批评家年会学术委员会委员，现为闽江学院漆文化与产业研究中心常务副主任兼秘书长。

子夜已过，隔壁小楼，曹庆励依旧伏案劳作。重锤声暂歇，轻磨细刻仍在持续，这是心物静谧相望，天、地、神、人汇聚，彼此映射而又相互召唤的时刻……

曹庆励于陶瓷锔造极有造诣，锔为次，造为主。锔造并不仅仅为了修复，更重要的是借由器之介质，重构一种有温度的文化空间。老曹喜残旧陶盏，尤好古陶，内有灰堆者更佳。常人往往弃之如敝屣，老曹却如获至宝，循陶造型，因形就势，或取敦煌佛陀之意象，镂于薄盏一角，似佛龛隐匿其中；或视方寸陶盏如摩崖石壁，上刻拙朴古篆，金石之气辗转绵延，陶之粗粝与悠远时空彼此融合；或拟自然虫蛀、屋漏雨痕等天然意趣。曹庆励以刀代笔，陶盏如纸、如木、亦如雨夜之素墙，胸中之意应和天地之音，尽数落于器物之中。其与寻常把玩之物迥异处在于：器的符号范式已滑出雅俗评判之列。器“溢出”其作为物的实体存在，成为抽象的中间概念：一方面，连接着曹庆励内在的生命体验，并外化为对具象之物的驾驭与形塑；另一方面，则把根植于本土的文字语言及图像谱系，作为象征符，当多元的语言符号与个体精神融为一体，自然形成一种独立于普遍审美范式之外，洋溢着个体生命意识，也穿透着历史时空的文化符号。由此，作为陶盏之器，即是纯然之物，亦是器具之物，同时，还成为被个体精神内化了的图像符号之载体，三者共同缔造，重新编码，一件所谓的艺术之物由此而得以诞生。

曹庆励的金工创作，乃是继陶瓷锔造之外的另一处精神实验场域。中国器型，就时序而言，从彩陶至青铜，由青铜至漆器，再由漆器至瓷器，器型或威严神秘，或静穆中正，严谨端方居多，少有自然活泼之气息。老曹的金工作品，不受传统器型拘囿，从心所欲，心手相通，较之陶瓷修造有更多自由发挥的空间。近期，他热衷于福州漆髹与金工创作之间的互渗，对材料进行大胆尝试。一直以来，老曹对传统器型所推崇的以“中正”“完型”为特征的美学理念产生怀疑，并付诸行动，打破传统器型的完整性。老曹遵从内心，崇尚自然的个体表现语言，已然在不自觉中触及传统艺术既定的审美体系。这与20世纪50年代，日本陶艺家八木一夫发起的“走泥社”现代陶艺运动，倡导“解放思想，不局限于传统，以材料为媒介，表达自己内心”有异曲同工之妙。无疑，老曹的金工创作将为中国当代金工艺术的发展注入一股新鲜的血液。

近代以来，人们不断反思启蒙，也在不断叩问何为“现代性”。启蒙以来，科技文明带来的悖论，即文明不断被文明所反噬，一直困扰着人们。机器文明，正不断消解精神领域所创造的价值，人们获取物质越便捷，就越容易面临被物化的危险。这里所指的物，并非心手感应之物，而是工业流水线上被异化了的“纯然之物”。毫不夸张地说，现代性以前所未有的方式，把我们抛离所有已知类型的社会秩序的轨道，一场历史的危机已然侵蚀人们进行精神和思想创作的空间，就此而言，曹庆励器物修造的意义在于，始终保持个体精神的自在与自为，独立与清醒，并以此证明“人类精神一直活着”，生命的存在性始终未曾停歇。我们所要做的，就是要把握作品生命的存在尺度，特别是在当下的语境中。

是为序！■

郑娜

写于福州溪源宫路200号

2021年3月

# 序二

Preface II

王克震，南京艺术学院金属工艺专业主任，副教授，硕士生导师。中国工艺美术学会理论专委会委员；中国珠宝玉石行业协会设计师委员会副主任委员；中国工艺美术学会金属艺术委员会副秘书长。

初识庆励，见到的是一个中年汉子，蹲坐于工作台边上，粗壮的手指在细腻的银瓷之间游走，布满老茧的指尖貌似笨拙，却又仿佛是最精密的探测雷达，在缝隙缺口之处拿捏摩挲，望闻切问，查遗补漏。一切都在沉默不语中进行，偌大的空间中只有钻锉的哑鸣和跳跃的叮当槌音。支离破碎的残件在魔术般的程序中被一片片缝合重组，陶土、碎瓷、大漆、金银，主体和客体之间相互交织叠印，似乎在原曲之上重构了一支复调，在损破和缺失之间修造出新的物象。

一根烟点起，一杯茶下肚，如果再来上几壶酒，那就更好玩了，庆励的话匣子一旦打开就是另外一副模样。一口桂柳口音的普通话，气很足，闪烁在眼镜和胡须之后的是一种笃定的神情。聊起天来如夜雨涨秋池，娓娓道来的除了他的江湖轶事，更多的是他对于生命和自然的精辟思考，而这些资粮又积累在他的创作当中，一切所为，皆可视作他思考的一部分延伸。

庆励创作的主要手法被他称作“修造”。在中文的语境之中，修和造是两个既有交集又互有差异的行为。修的本意是在原有的存在之上进行的增减或者优化的造物行为，但在庆励看来，修或者可以成为一种独立的创作法门。这样的观念其实跟中国人的传统世界观同出一辙。面对一场大洪水，西人有诺亚造舟，中国却出了一个女娲去补天。天人合一的三观让中国人的造物规矩道法自然，而自然有一种巨大的功能，叫作自我愈合，一切的存在，似乎都可以看作是一种修复式的生成。在我看来，庆励所谓的“修造”，自然而然，正是对这样的世界观的一种别样的解读。

在庆励的修造体系中，“锔”是其中的一个重要缘起。“锔”这个工艺又叫“锔活儿”。在中国的传统词汇语境当中，但凡被称为“活儿”的工艺，大多属于单一的细分门类。“锔”大概的意思是“以铁缚物”，后来特指用金属质的锔钉去钳合破碎的瓷器，使之恢复原有的日用功能。这种工艺在传统上是以复原器物功能作为目的而设定的，但在庆励这里，却可以成为一种造物的手段。再加之他多年负笈游学所得的各种活计，或锻、或锢、或錾、或雕、或焊，将“修复”引申为“修造”，留下过程成为痕迹定格。他的修造不再是以恢复器物的原有状态作为目的，时光所造成的器物的残缺，成为作者留给观众用来遐想和品味的空间，类似于国画中的留白手法，从而达到了另外一种意义上的完整，让观者和使用者可以揣摩和把玩其中的奥妙。

庆励的作品让我感受到一种独特的时间感，这是在我们熟知的三维空间世界中无处不在却又很难在造物中表达清楚的另一个维度。封印在残件中瀚若繁星却又只鳞片甲的古人劳作和哲思的留存，通过庆励的“修造”，蒙太奇一般地重现在当下时空之中。这是一种非线性的创作手段，器物原有的造型或者功能可能在时间中已经消弭殆尽，然而其中人类对于双手造物的强大自信的内核，却在无数次的打碎又重组之中颠扑不破。庆励通过自己的双手和古人进行着穿越时空的对话，而这场对话还将随着后继的使用者的双手解读延续下去。这其中，器物和人之间的关系已经不再重要，更多的是精神之上的传递，一种人文主义的关怀，以及近似于宗教信仰那样，对于双手造物的无限可能性的一份笃信。■

王克震

写于金陵

2021 年 3 月

# 自序

Preface by the Author

修造，是一门工艺。

但我所理解的工艺，并不是今天一般而言的一种作为特定专业类别的“工艺”。

工艺，是工与艺的融合，是一种创作状态，是某一类具有特殊高度的事物的一种存在方式，比如艺术。工与艺的品质，才是事物高低的分界，才是事物间可见的边缘。

工与艺之别，不是二者何为本质，何为前提意义上的分别。二者之别，根本上是在并列的意义上出现的，具有同等的重要性。在并列具有重要性的意义上，二者高度的和谐与融合，几乎成为一切具有品质的事物的真正本质。甚至，在进入人所接受的视域中，二者必然会有大面积的重叠，你分不出何者为工，何者为艺。

我理解的“工艺”，在一定意义上，是具有人类创造性事物的共同本质。

所以，修造是一门工艺。这门“工艺”包含有技法、材料学这类属于“工”的内容，也包含有一种艺术观念，一种审美价值，一种品位，属于“艺”的内容。“工艺”是我对器物的一种理解，对生活的一种理解。而“修造”就是在此意义上的，对于器物和生活的一种个人观照下的观念与实践。

我不赞成通常所言的艺术观念，那其实是一种狭隘得几乎错谬的观念。它直接把“艺术”与“工艺”做出对立，它既没能理解工艺，也没能真正领会艺术何谓。我不是说我的看法一定对，也不是要主张取消艺术与非艺术的界限。

我想说，艺术不是几个特定门类的简单叠加，像玩拼图一般，把给定的碎片拼出给定的图样。艺术更像一道分水岭，它是高与低的分水岭，是丰富与贫瘠的分水岭，是雅与俗的分水岭，是有意义和没意义的分水岭。谁说的都不算，世界作为一种自然标准，在人类的创造性事物中，在这个庞大的总量中，我们自己去看，“看”事物是其所是，“看”出这样的一道分水岭。

“艺术”是工与艺的鼎力成就，于史于理都是如此。艺到工不到，力有不逮，仍难见艺，于工处见艺，工是前提，无工无艺，是一种。艺以遣工，有的放矢，工乃为工，否则只是局部动作，是一种。工成艺成，工到艺到，见工则见艺，亦是一种，于史不乏其例。过分强调观念与主题在一个“艺术作品”中的决定性意义，是有失偏颇的，是脱离实践者的狂妄，甚或是偷懒者的坏借口。

匠有高低，但大艺术家必是良匠。大匠者，工之极也。极致之工，在我看来，也是艺之一种。

于此，我个人觉得重要的是，一个作品造出来，放在那，你来看，并相信你把它看作了什么。是什么便是什么，没有争论。

如果“艺术”是个狭隘得装不下什么好东西的特定话语，是个别人为了强调某种“个别”的“谱系”，那么是不是称为“艺术”，是不是划分在“艺术”这个区域中，并无所谓。

甚至，日常经验则更为极端地告诉我们，我们向来都不曾在最直观最经验的层面上，经验并称呼“艺术作品”。“艺术作品”总是在一个“谱系”中存在。“艺术”总是在某种语境中存在。

但生活一向是真实的。

对“工艺”的要求是个真实的实践，在我看来，是有意义的追求。

我是个做东西的人，是一个创作器物的人，在我的工艺观念中，我更愿意称呼自己为手艺人。

趣味与美，真理与品格，是我想在作品里尽力去表达的。

做东西的人，所做的东西就是他的作品，作品的本质从来不相似，很难简单还原为一种所谓的共同“本质”。理解一个器物，其实是在理解一个器物的本质，器物的本质，在我看来正是一个器物自身的特殊性，是器物与人与生活的关系。

凡有着真正的欣赏经验的人，当其领略自古以来那些精湛而沉厚的工艺作品，想必都会承认那种沉实而富有独特形式的艺术之美，它们都实实在在地是来源于实际生活的需要。它们具有不凡的艺术魅力，具有动人心魂的美。

来源于实际生活的需要，生发于当下心灵的映照，与此生此地的存活密密关切，这恰不是我要清除的，而是我要保留的。活着的时空，不是障碍，而是土壤。

创造艺术的人与接受艺术的人需要一种同等的自由与自觉，评价体系在艺术的直接领受面前其实无能为力。好的感受力就是一种品位，一种艺术眼光，它予人以感性的理智，它是当下的领受——是对待感受的诚意。

我只是试着说明，不该总以截然二分的眼光检视生活和生活里的物品，事实上，我们并不需要太多的那种“艺术”。艺术与生活密密相织，我理解的艺术就是一种我理解的生活。我们需要的是沉实而饱满之物，正像我们对待生命的态度。你的生活需要理论的指导？反正我不是，我的生活是我活出来的，我的艺术是我做出来的。我没把握我说的一定对，我只是试试松动那些在我看来板结得几乎错谬的观念。

艺术在本源的意义上，不正是面向生活，发生生活，提升生活？艺术之维原本就深深结构于人类的劳作之中——能够为之劳作的心灵，本已含蕴一种起着作用的艺术力量。我一直都认为，真正的艺术家是有着深度情感张力的劳动者，他享受着艺术，也享受着劳作。

我只是一个一直尝试理解器物并乐于为之劳作的人，我也是理解着生活并不得不劳作于生活的人。生活是我最原初的经验。不过，我也杂乱地翻读过一些书，虽不见得都紧密关乎专业，但都深深埋入心灵。我想，一种表达惟当它近乎与生俱来时才更富生命力。我想，我还是从我的手边，从我的生活里开始劳作，更为切实。至少其中有我感觉牢靠的真实，我能懂。我不理解的事物于我而言，有何意义？

我绝不否认手艺中的艺术之维，不否认器物之上的艺术与美。就此，我必须说——好的手艺需要有艺术的自觉性，好的器物自然具有一种生动的艺术感。这是无造作的艺术感，它是为着生活而敞开的美，是那样的舒适自主。手艺人有他该懂的艺术。

那么，我也许是一位手艺人。■

曹庆励

写于福州乌龙江畔

2021 年元月

# 目录

Contents

# 手艺人之心

心是什么？

心，是存活的影子，是星光下的影子。

手艺人的心，就是手艺人的手。须知物，亦须知事。

这本小书，我名之——修造。

修造是技，是一种法，一种理念，是合而成之的一门工艺，是一种积极感受、不受拘执的尝试。

修，是人性善的体现，一份不舍、一份爱护、一份珍惜。

没有必须废弃的器物，没有需要放弃的人生，不好——可以使之好。

甚至，可能是一种错误，却能生长一种美的结果。

人生短短，弥足珍贵，一物不易，相识相惜。

常理而言，残破就是残破，损坏就是损坏，消亡的处境摆在眼前。

对器物而言，残破和损坏意味实用性的丧失。日常的逻辑，器物相应于用途，不能恢复使用的器物，就一无是处。

不过，器物的残破也有百态可观，自其万千形态而观之——它们有着各自的命运。

残缺消灭实用性，残缺本身是不美的。人类生活的历史上，许许多多的器物被修复，很多很多修得潦草，丑陋，将就——仅仅出于再度使用的勉强。

修缮的技术在多数情况下，只是一种消极的措施，一种得过且过的态度。

修缮是已很古老的技艺，无物不可修，由之而来的修缮世界是很宽阔的。

我要做的，和我正做的，是站在传统的基础上，把当下的一些东西融进去。

求索古老之技，诠解此时此地。

用温暖的心意，复活沉埋的手艺。让手艺流淌更多的自由与人性。做自己，做好器。

曾经我只是好茶好物之人，身边人多数亦然。但你一朝经历心爱之物的破碎，看到友人因器物的损毁而心疼而懊悔，那一刻你明白了点什么。那些茶器不一定很名贵，但是一定寄托着主人深厚的情感。让那些破碎的物件重新归于完整，是成人之美的事情。我愿意去做，于是去学了这门手艺。不觉间走了越来越远。是此缘起。

一些被弃之不顾或者不得不放手的器物，通过这样的手艺回到我们的生活之中，同我们一起生活，这是多么美好的一件事。

手艺人要有天分。舍此天分，你对器物和手艺的理解可能会很粗糙很浅薄，会越做越不如，还不如不做。手艺人要更懂分寸，懂得势与度。除了基本的修补，如何给这些获得新生的器物赋予新的意义，则是更深的学问。但需要注意的是，不可让自己过于理想的美化构陷了器物存在的真实。

正如维特根斯坦所说："世界是事实的总和。"在诸事件的交汇中看出事物是其所是。

这本书将谈一谈修造，谈的是器物，谈的也是手艺人。

"做什么"与"怎么做"其实就是手艺人的本质。

心是什么？心是存活的影子。

手艺人之心，在一事一物中。

看我做什么，我就是什么。■

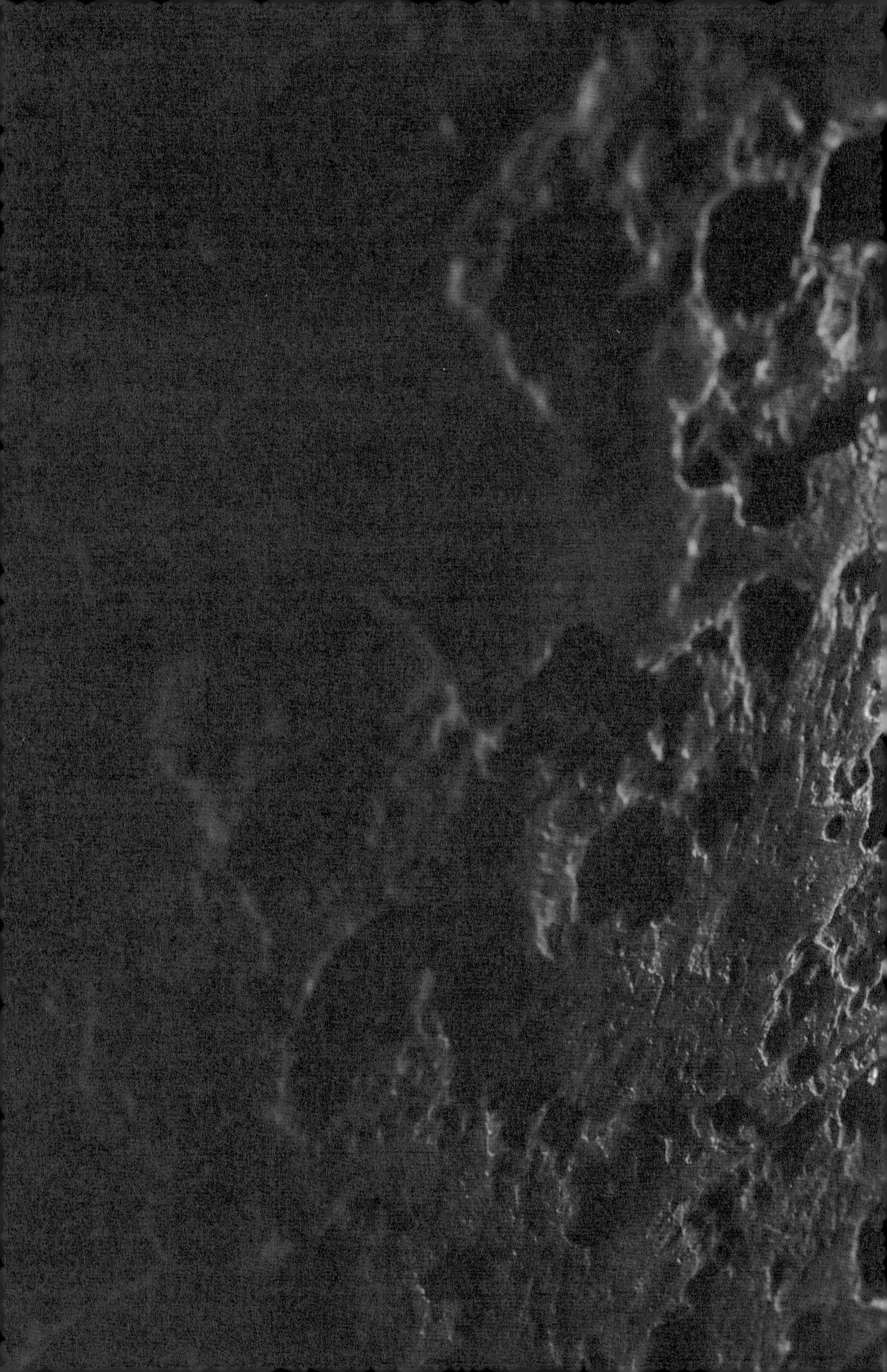

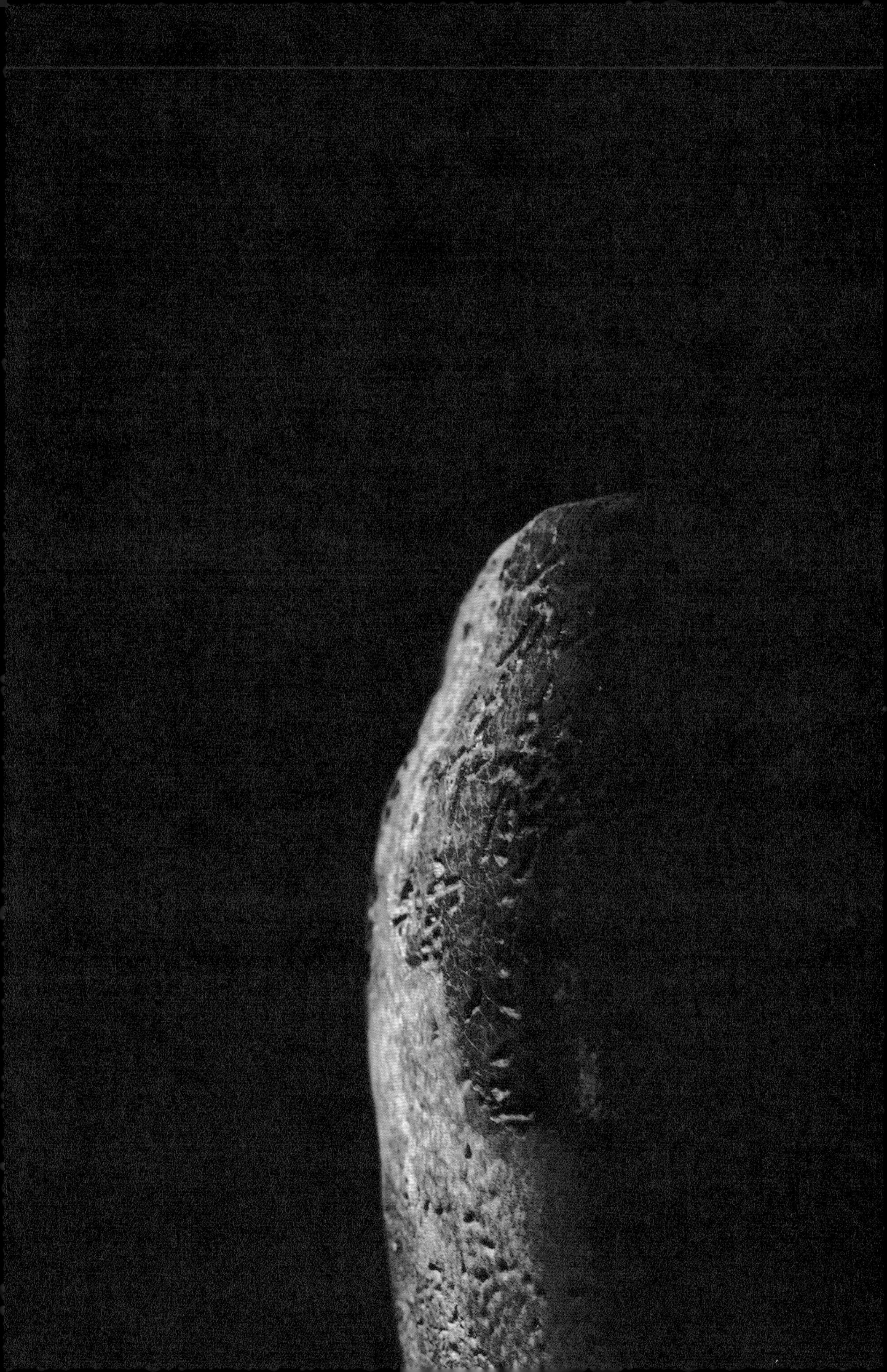

# 艺——器物

我有一言：“用真心，以善法，而得美器。”

“美器”说的是“艺术——器物”。

“善法”说的是“技术——工艺”。

“真心”说的是“人——生命感”。

此章先谈“艺——器物”。

上文已说，手艺人应具有艺术感与手艺的自觉性。如果你的手，只有技法而无想法，那便只有匠气，不以为艺。同样，如果只有很好的艺术感觉，却没有准确表现的技术，那还仅仅只是一个感觉，还远不是一个作品或者器物，甚至，只是一种“幻觉”，因为它始终没有真正地“出现”。

所以我认为一个“作品”的本质是“工艺”，是“工”与“艺”的完美配合与结合。

本章则先谈工艺的“艺”。

我认为，匠有高低，首先是技的高低。同时，尽管想法都是在手上产生，但手上有没有想法，是一道边界。这是我认为的手艺人与匠人之间的一个区分。

探入更深的层面——器物，以及器物自身提出的限度——作品自己决定自己的属性。

艺术家、手艺人、匠人均受作品性质所提供的限度而有所作为，但最终呈现的作品并不是作品所谓“本质”的差别，宁可说只是程度的差别。

作者通过创作或者制作，完成对“自我”的表达，这种表达蕴含了关于器物之理解的表达以及在更广意义上他对生命和生存，宇宙和世界的表达。

但这种表达的限度却是，他首先应理解了自己表达的可能性——也就是表达的方式，他们才可能知道这种方式可以表达什么。

对于手艺人而言，作者完成的自我表达更多的是体现在器物的风格上，即某种存蓄意蕴的方面，这既是作品的本然底色，也是作者的生命感。前文说过，其实一种对艺术感或者审美价值过于理想化的强求，很可能对于器物本身而言将是有害的，会是累赘或是变质。那么，于此，就要提出一个限制，也即是手艺人对器物的理解和表达要以某种基本的畛域为限，要以一种约束的范围来描述自己的自由。

他表达了自我，更是表达了器物。

事实上，我认为手艺人在器物中的自我表达早就是以一种潜在的方式进入了，个人的作品总是不脱个人的色彩，有时倒不必有意地介入，它是不自觉的流露，这样的分寸，可能会让器物葆有器物自身的真实。

当你活着，活着做事，你本来就已拥有这样的一种对待器物、对待制作的领受。有的时候，表达是可以一种不在场的方式在场的。

一些观点总是在强调工艺是不自由的，是没有创造性的。我承认，大量的工艺作品或说实用器物只是单纯地模仿与复制，这确是事实，其中没有创作的自觉性与主体性，但并非所有的工艺与工艺作品都是如此。换言之，如果一种工艺与工艺作品具备了创作的自觉性与主体性，那这是什么？这就一定是艺术了吗？我也觉得未必。就像我反复说明的，艺术与非艺术的区别，并不是艺术与工艺的区别，而是程度之别，这种程度可能就是一种性质，但这种性质只能在程度中“见出”。也就是你——做到什么份上。至于表达，艺术本来就是一种综合性陈述，在这种陈述中，包含着“实用之美”，又有何不可？

甚至，在我理解的“工艺”中，“艺术”本来就是一种“工艺”。“艺术”是工艺中的上品，“艺术”绝不是与“工艺”无关的独立区域。

再有，人们习惯于把“艺术”标指为“美术”，又很独断地把“美术”规定为某种“纯精神——纯美术”，且不论这样看对不对。即便对，也不过是诸“艺术观”中的一种，它是一种“可能”。如果这种束缚使我们相当不适，我们就该反抗这种“不正当的”主宰。这会把艺术把握得非常狭隘，这种狭隘会误导对艺术的理解。狭隘是有害的——它把原先并不对立的事实在理论上对立。根据波兰美学史家塔塔尔科维奇的研究，在古代甚至中世纪，艺术的概念都比今天来得广泛。柳宗悦在《工艺文化》一书中强调，在历史的过程中，美术和工艺原本是统一的，美术家和工匠原本是统一的，他甚至通过词源考察的方式做出了直接的说明，尽管有点可疑。他所强调的是：美术与工艺的分道是很后来的事。根据他的观点，工艺之美恰恰就美在不强调创作的主体性。我与他理解有些不同，他的观点强调了工艺之美，突出了工艺之美，但他强调的正是工艺的另外一个维度，即是廉价、凡俗、复制。而我则更想还原到这两者的源头——不论是美术还是工艺，他们本质上都是对物的制作，艺术家首先必须是匠人，他必得如匠人那般熟悉技艺与材料，不论是美术还是工艺，他们创造着物，也必得是首先地基于对“物”的理解，对生活“事态”的深度理解。

我认为艺术本源地是关于“器物”的一种理解。艺术感不是有些人认为的那样，对于器物而言，只是某种附加的东西，而恰恰不是如此，艺术感应该是在更完整的意义上充分溶解于器物的存在之中。现象学视艺术为本源性的生存方式，那么我试着这样说：与之相应地，存在物都可以目之为艺术品——好用，也可以说是一种艺术感。

在手艺的维度上，这种艺术感包含了手艺人高度的知性、完美的技艺与材料的直觉。

我试着分析这些关于艺术的流俗意见，不是为了强调我的作品就是艺术，或者应该是艺术。而是为了试着说明，艺术并不排斥实用性，艺术并不排斥物质属性，艺术并不排斥生活，艺术并不排斥手艺。艺术与其说是某种现成的模式和框架，毋宁说是一种艺术感。

艺术是生长于沉静，而蓬勃着激情的流。

然后，我想说明手艺人的手艺（工艺）和作品，也是有着内在于自身限度的自由——创作自觉性与主体性。并且，我呼吁手艺人必须有这种创作自觉性，如此才能丰富和提高器物与技艺的品质。

这是一个机械化大生产的时代，手艺人不该沦落为去和机器比产量，也本无可比，手艺人更该自足于灵性，这是机器永远不会具备的品质。正确的定位与方向是必要的——手艺人必须在艺术的方向上行走得更远，而不是降格为生产线上的一道程序，那样的话，在这个时代，这个机器过度膨胀的时代，手艺人是无效的，是失真的。

通过艺术解放手艺，并显示手艺之真，是我理解的——艺术之于手艺的当代力量。

没有脱离世界的存在者，世界是诸事实之和，在这一点上，人和物几乎是同一种东西。所以人能在物上领会某些存在的道理，甚至人能懂物的哀乐，物的情感。

人和物都拥有着自己的生命。万物都由在场与不在场，显与隐的意义相互构成，因此与生俱来地具有关于这世界的方方面面的意义指向。在我们的感知中，人与物都将自身呈现为一种时空的复合体——具有时间性的有限存在者，存在于自身不断的变异之中。

好的艺术感，在我看来，就是一种能够显现器物存在真实与性情的生命感。

布瓦洛说："唯真为美。"

宁可说艺术的目的不在于"美"，而在于"真"。正是在艺术的形式中，真与美才复又具有本源的关联。

我选择修造的器物，或者说起初它被视为一件"材料"。这些"材料"大多是古代流传下来的，具有自身强烈的时间感、拥有丰富故事痕迹的老残件。它们基于自身的存在所开显出来的意蕴和指向性，已经强烈地奠基在未来的这种艺术感之中。

人当然可以通过技术做旧一个器物，但我仍旧相信，人的技术做不到的是这种存在之真，这种存在的或然性，这种即现象即美的蕴蓄感。

艺术是一种人造物，正如器物是一种人造物。它们借由人的手艺生成，它们又必然地具有物质的载体。在这个具有某种意义的物质载体上，人在其中领受的可不仅仅是一种物质，而是一个向着心灵开放的意象世界——具有精神深度与情感张力的意象世界。这为心灵所感受的意象世界，便是人们形成的艺术感觉。艺术感就是生发于其自身的生命感，大西克礼说："艺术性（艺术感），与其说来自普遍所认为的那种狭义的美，毋宁说更依赖于广义的真。"

这是生命之真，是存在之真。艺术世界和生活世界具有本源的同质，我们的世界是一个。知觉的地位是首要的，但知觉并不是一个混沌的、粗糙的，非理性的世界，而是具有其基本结构、关系和意义的能力。比如，我们对于古瓷的感受，包含着对其细腻触感有所觉知的维度，有着对其基本形式和内容的充

分领会，唯有坐落在丰富的生活意义层面上，我们才谈得到对古瓷这一器物的体验，才谈得到古瓷所具有的完全的艺术领会。■

茶老应知身是客

酒暖还觉意如狂

暮雨寒烟问枯荷

此间滋味可留得

▼当代　紫砂壶　雕刻

◂宋 建盏 雕刻

▶ 宋　湖田窑　雕刻

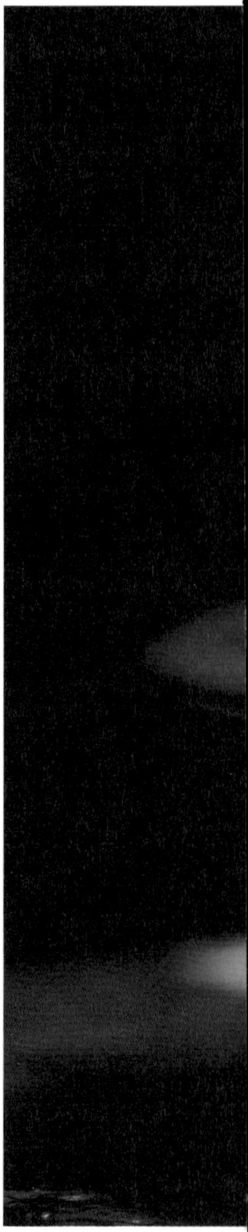

▶ 宋 湖田窑 锔

▲宋　建盏　锔　　　　　　　　　▶局部

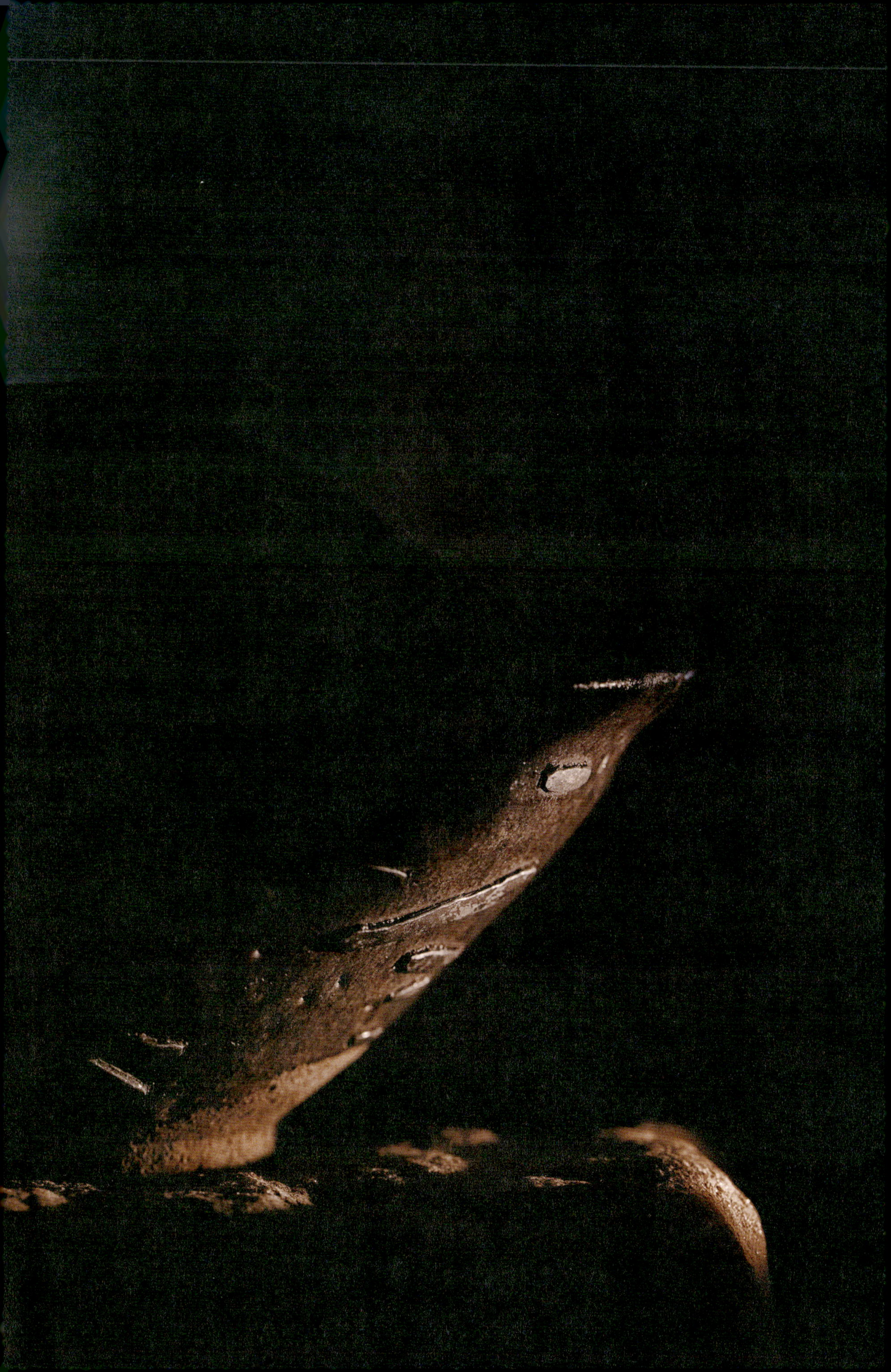

▶ 宋　建盏　雕刻

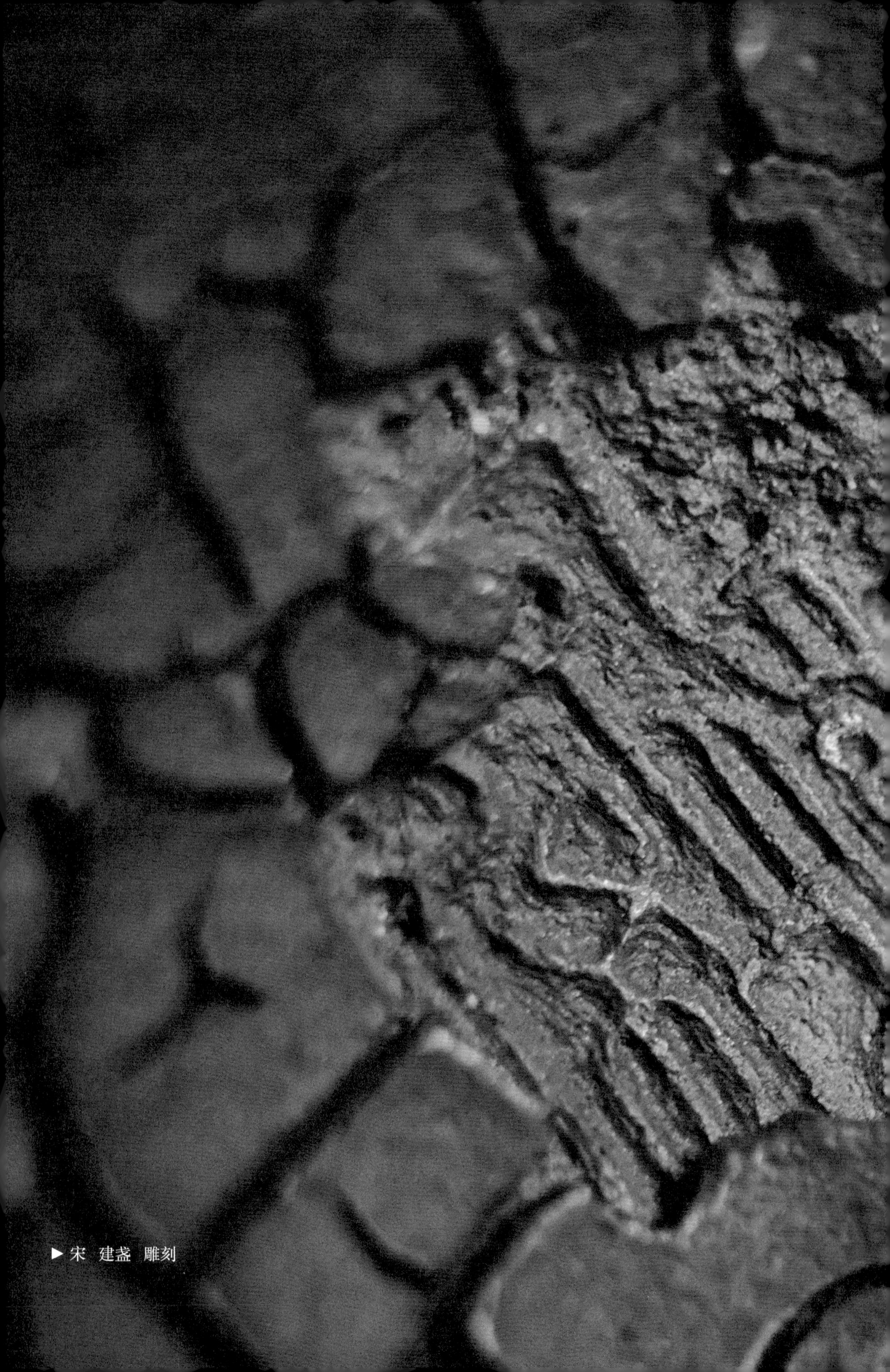

▶ 宋 建盏 雕刻

▲宋　建盏　雕刻　　　　▶局部

▶宋 建盏 雕刻

半轮残月掩尘埃，

依稀犹有开元字。

想见清光未破时，

买尽人间不平事。

——《拾得破钱》宋 李氏女

半轮残月掩尘埃，
依稀犹有开元字。
想见清光未破时，
买尽人间不平事。
——《拾得破钱》宋 李氏女

▶ 日本　青瓷香炉　锔

▲ 宋元　酒壶　锔　　　　　　　▶局部

▶宋 建盏 锔

# 手——工艺

双手造物者，意味着它永远是一次性的。

正如“人不可能两次踏入同一条河流”。

机器可以无限量“标准化”地制作产品，所有产品是一模一样的惨白与单调，尽管它可以附加不同美学价值的设计，但那看起来就像是孤零零的价值黏附在一块材料之上。手工艺之美并不是一种设计之美。

手作之艺所具备的美永远是一次性且独一无二的，哪怕是手艺人自己批量复制自己的作品——每一次总有那么些微妙的不同，可以说手艺人是天然的无法“标准化”，那微妙的起伏变化是手艺人的生命，也是器物的生命。

“工艺”与“工业”的区别在哪里？在此录一段荒川尚也的诗，感受工艺：

**七十年代即将结束时，**

**我在札幌的玻璃工厂里学做玻璃。**

**当时，机械生产的玻璃杯、塑料杯已经席卷市场。**

**我在的老厂，老师父还在手工慢做，**

**用吹管吹制玻璃杯。**

**比起机械制品，老师父做的玻璃杯有种独一无二的美。**

**美不在外形，不在设计，**

**仿佛自然凝成，像风，像海浪，像谁的呼吸。**

**看见群山，看见树林，**

**看见音律，看见光影，明暗恍惚。**

**没有机械生产线上的方正规矩，**

**也并非粗暴胡来。**

**那种难以言喻的轻快美妙，事先没有严谨构思过，**

**是师父的即兴，**

**是体感和力道分寸的延伸。**

手工艺的作品与大自然同质，显现着大自然的律动。

工业设计把器物当作产品——仅仅视为“用途”，为了提升所谓的关于“用途”的体验，于是在外观上予以不同的设计。这就是现代工业设计自以为的“功能美”，其实质只是两种内容的相加。这是一种“工业逻辑”。

但这并不是真正的器物之美。器物之美——与其说美在外观，不如说美在自身的存在。

——漂亮并不是美。

工业化的时代造就一种工业化的思维，即是“工业逻辑”，把一切的“生成”降格为“现成”，工业逻辑强调“标准化”而不是“生命感”，这种逻辑的流毒已经播散、渗入人们生活的方方面面，甚而，从根底上，影响了人们理解什么是“生活”，什么是“生命”。

工业要求着一体化，艺术与审美被降格为诸种美学格式，这是对本源的艺术与美的遗忘。

所以，我们更需要有着真正艺术感与生命感的器物回到我们的生活，回到我们的世界，让器物照亮生活，让艺术教会我们更本源的存在——艺术守护着基本的生活经验，让艺术保护生活。■

不俯首倾听材料的手艺人，不可能创造出“自由的形式”来。

“自由的形式”就是手艺的灵感与激情，是材料与工艺的变量。这是只有具备工匠经验和直觉才能洞悉的奥秘。

每一次的敲打、每一刀的雕刻，呈现的样态都有可能在你的意料之外。突如其来的呈现，或是突如其来的灵感，随时都可能使你放弃原先的构想，顺势而为，既顺材料之势，也顺心理之势。

制作器物的过程，从头到尾都是与材料交流的过程。

在这一点上，无论是艺术家还是手艺人，都必须是匠人，他必须理解着材料，倾听着材料，并与之不断交流。

这也正是手艺人不同于设计师之处，也正因此，设计师的作品与手艺人的作品往往具有非常不同的质感和意趣。通常，设计师只需画出图样，之后交由工匠制作成型。在这里，一个器物是被割断的。设计师负责器物的形式，工匠负责用质料与工艺接近形式，最终由质料和形式共同显现的器物之意蕴在此是不充分、不完整的。

设计师善用他构图的能力，他可以根据题材和主题的要求，把要表现的形象组织起来。在此，他可以是个构图的天才，拥有杰出的设计，但无论如何，器物至此还只是平面的。可以说，很大一部分的设计师只是会画，并不会做。而“做”才是真正的在与材料交流，与器物交流，故而在我看来，设计师懂形式，但不懂器物。

在图样之后，真正负责生产出器物的，则是工匠。工匠根据图纸和数据复制出一件立体的物品。

我推崇的手艺是这样的：手艺是存在激情和变量的，手艺是有灵感的手艺，材料是会质变的材料。在这一点上，工匠要比设计师体会得更深，但这时的工匠是不自由的，他必须抛弃一切可能性，必要地服从于图纸的“强制”，他为确定的“命令”所拘囿。在此，他和他的手艺没有个性，如果制作结果不合于起初目的，即是失败的手艺。在他手艺的维度中，只是不断熟练，只是需要更好的稳定性足以服从于“命令”。

但不应忽略的是，有些时候，工匠也是极具自觉性的工匠，他对器物和手艺的表达可以不断融入自己的体会，尽管是有限度的，但这时工匠则更接近于手艺人了。

手艺人是“心有所念，与物通心”。

手艺人的手艺有其个人逻辑。■

我的逻辑就是——顺势而为，不凹造型。

势是一种绵延的活力，是一种开放的“可能世界”。既有物之势，也有心之势。

物之势，即是一种天然，一种顺应。

势所必然——是一种器物内在的不可遏制的生命冲动。势，就是在此之上的一种强烈的指向性，基于时间或说是变动的一种指向性。

亚里士多德指出，物体自身具有强烈的指向性，任何事情的发展顺序都是不可逆的。这种强烈的指向性，就是我理解的物之势。

物之势——是一种势强于人，它是事物自身本然具有的趋势。这种趋势中也包含着并开放出一种——可能的——审美期待结构。

所以，手艺人要有天分。让手艺顺从器物的本然，尽可能做出贴合其性情与气质的修复与创造。有时仅仅修成即是造好，即是自有一番面目。

我修造的器物，以茶器为主。嗜茶爱物，故偏心茶器。日用器物、具有实用性的器物，其实都一种具有定向性的造型艺术，它的形式就是它的功用，它的功用决定了它是什么且应该具有怎样的形式，这形式天然要求着最合理的限度，这个限度则关乎真实。

心之势，则同样是一种绵延的活力。

我之修造，并不是绝对完全地按照我的设计。过程中有时会发生一些变化。

顺着感觉去做。手艺人不需要一种过于具体、过于现成的构思与图纸。

他享受这生成的过程，这一激情与灵感随时迸发的过程，这种不期然而然。

顺着感觉去做，手艺是一个逐渐客观化的过程。

绝对而封闭的设计意味着不自由，是对灵感和才能乃至时机的扼杀。创作是一时一地的创作，就是突如其来的，这是激情的突破，而激情如何设计？■

►宋　建盏　锢

▲局部

▶宋 建盏 锢·雕刻

◂宋　建盏　锢·雕刻

▶宋　建盏　锢·雕刻

▶局部

▶宋 龙泉窑 铟·雕刻

▲宋　龙泉窑　锢·雕刻　　►局部

▲宋　建盏　锢·雕刻　　　　　▶局部

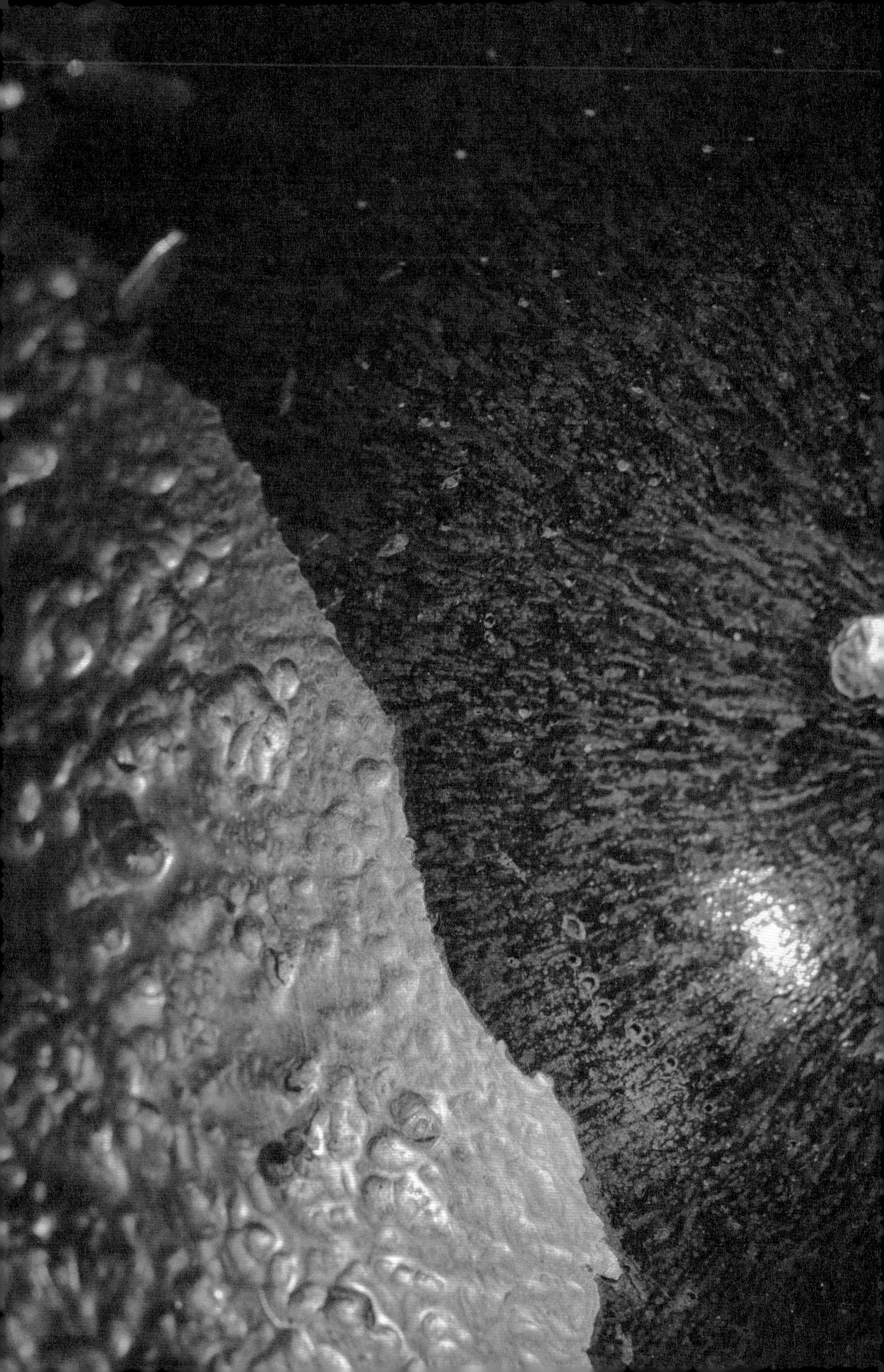

▶宋　龙泉窑　铟·雕刻

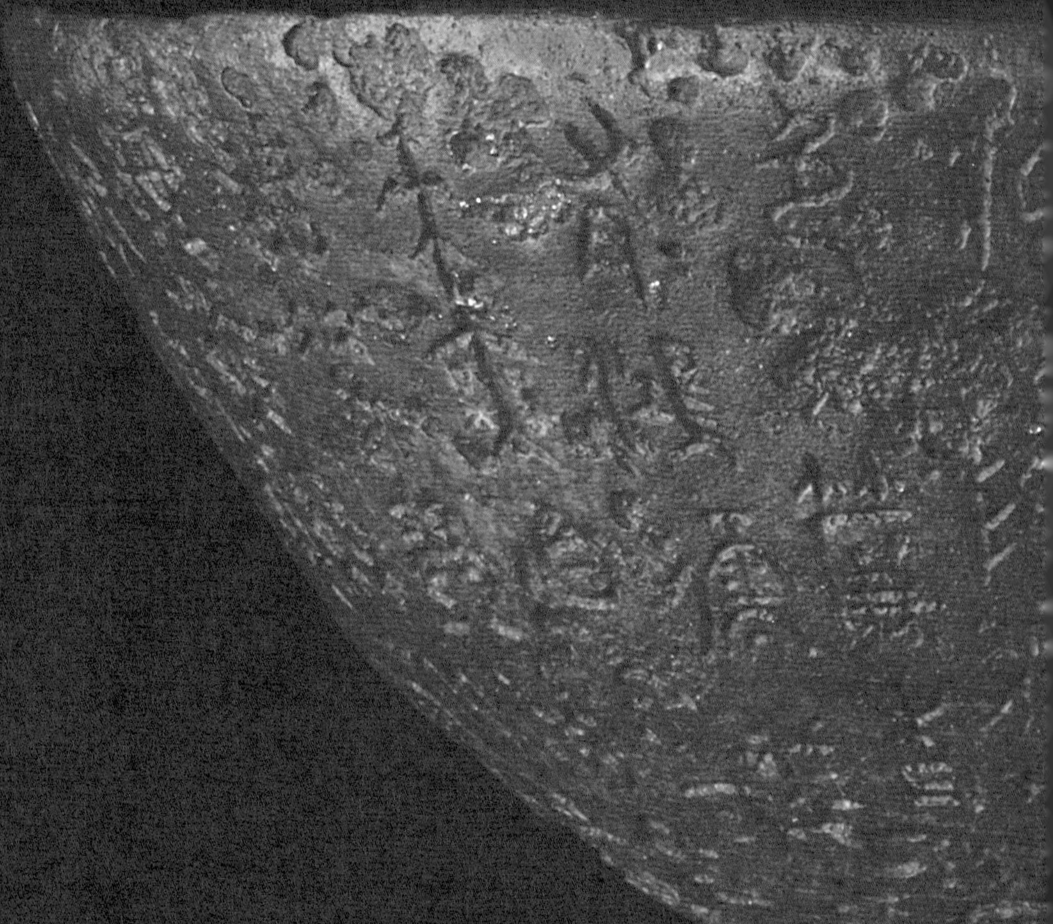

古拙最难

既是苍古之醇厚

更是一种天真之松阔

是天真深蕴着老辣

是成熟而后的遒劲

古杯蚀釉露胎

竟见金石的斑驳

斑驳中的风蚀剥啄

呈映金石拓片的陆离幽真

时间之积淀

历史之回旋

娓娓然书以数行

埋铜锔合之裂隙

此情此境融而更见其真

一杯醇古

半壁寥落

▲宋　茶洋窑　雕刻

▲宋　茶洋窑　雕刻　　　　▶局部

▶局部

▲局部

▲宋　茶洋窑　雕刻

▲局部

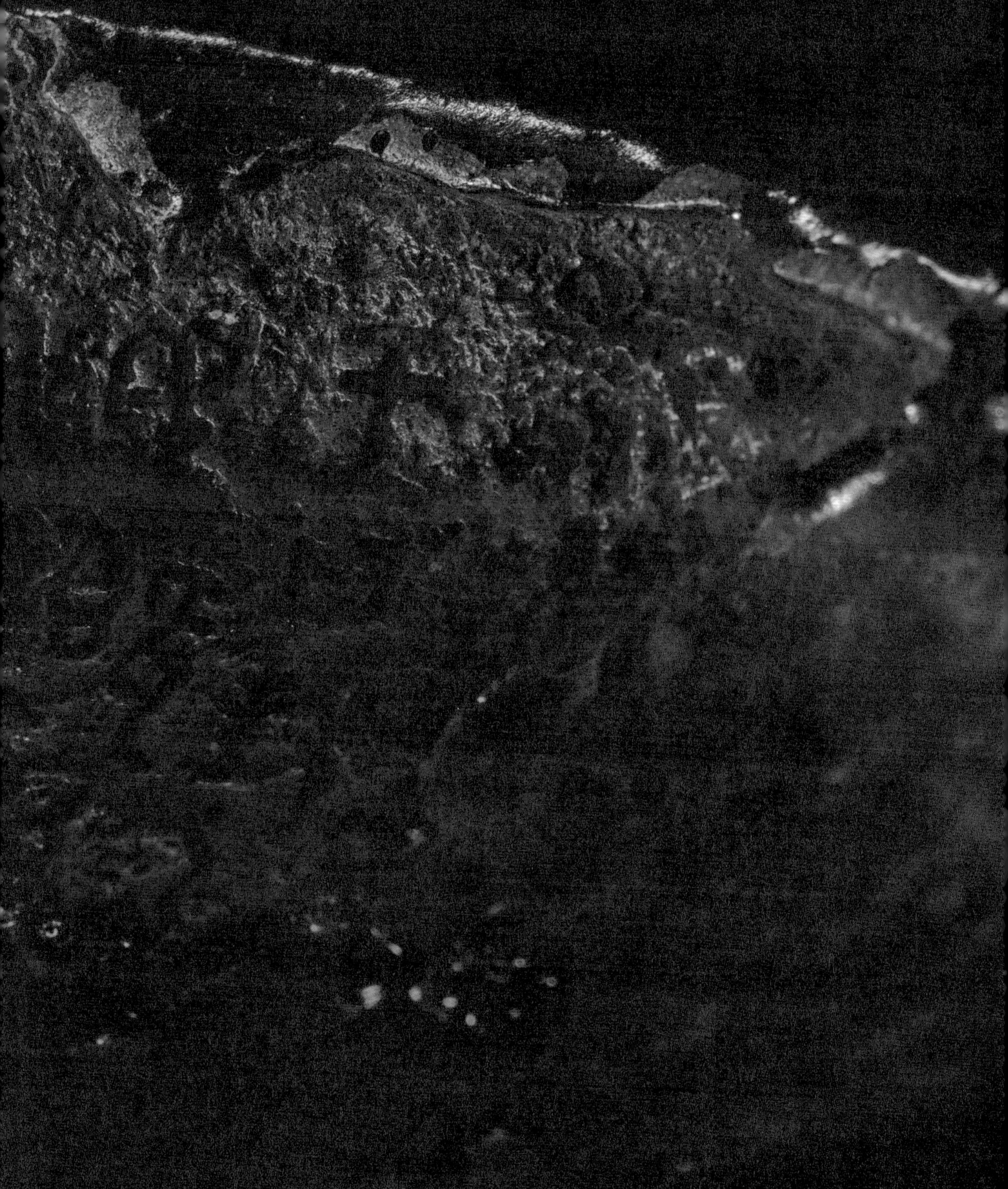

▲局部

▶宋　茶洋窑　雕刻

▶局部

▲宋　茶洋窑　雕刻

▶局部

▶宋　茶洋窑　雕刻

►宋　茶洋窑　雕刻

▲局部

▶宋　茶洋窑　锔·雕刻

▶宋　建盏　雕刻

▶宋　茶洋窑　雕刻

►宋　福清窑　雕刻

▼宋　建盏　雕刻

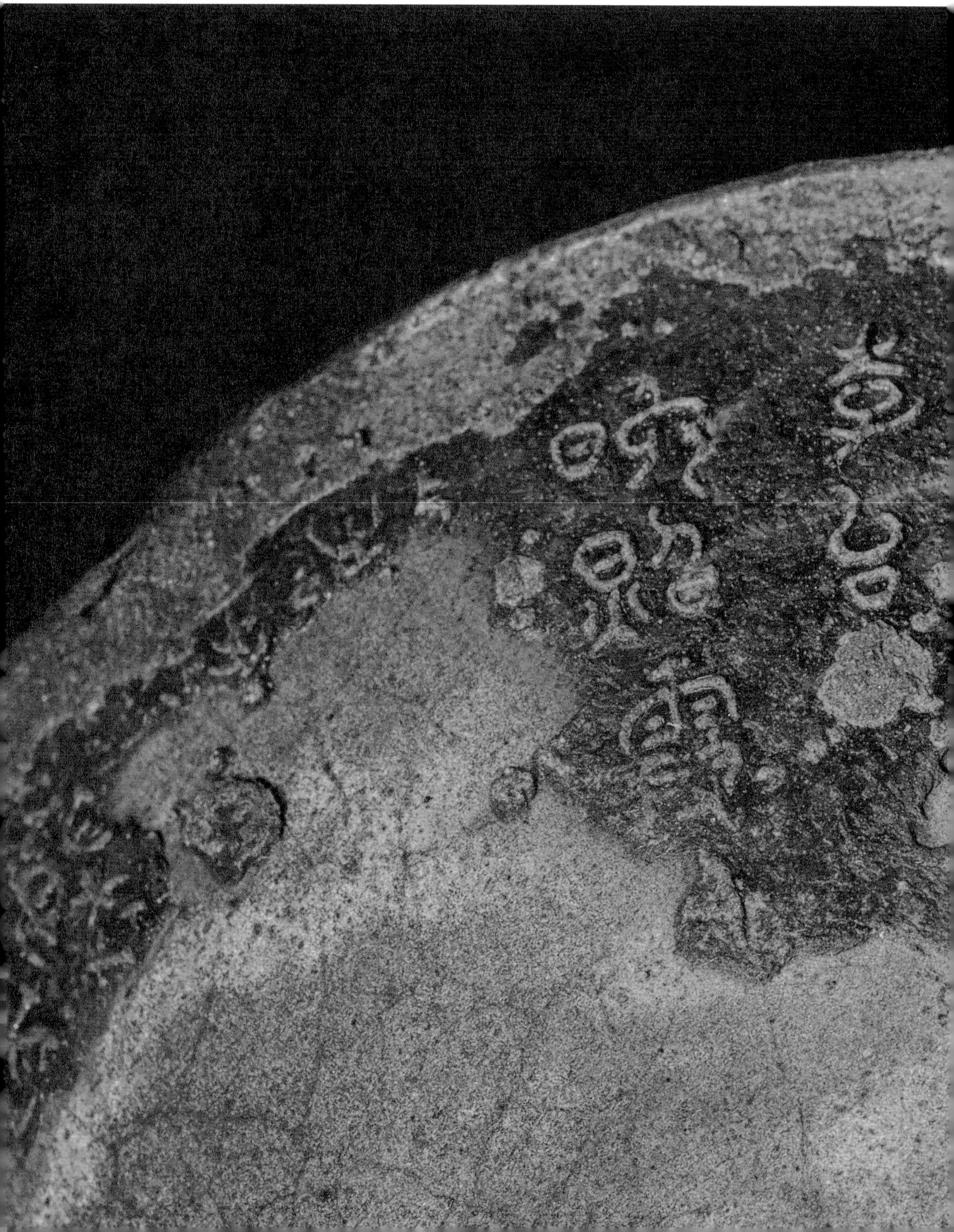

▲宋　建盏　雕刻　　　　▶局部

▲宋　茶洋窑　雕刻　　　　▶局部

▲晋　越窑　雕刻

▶宋 建盏 雕刻

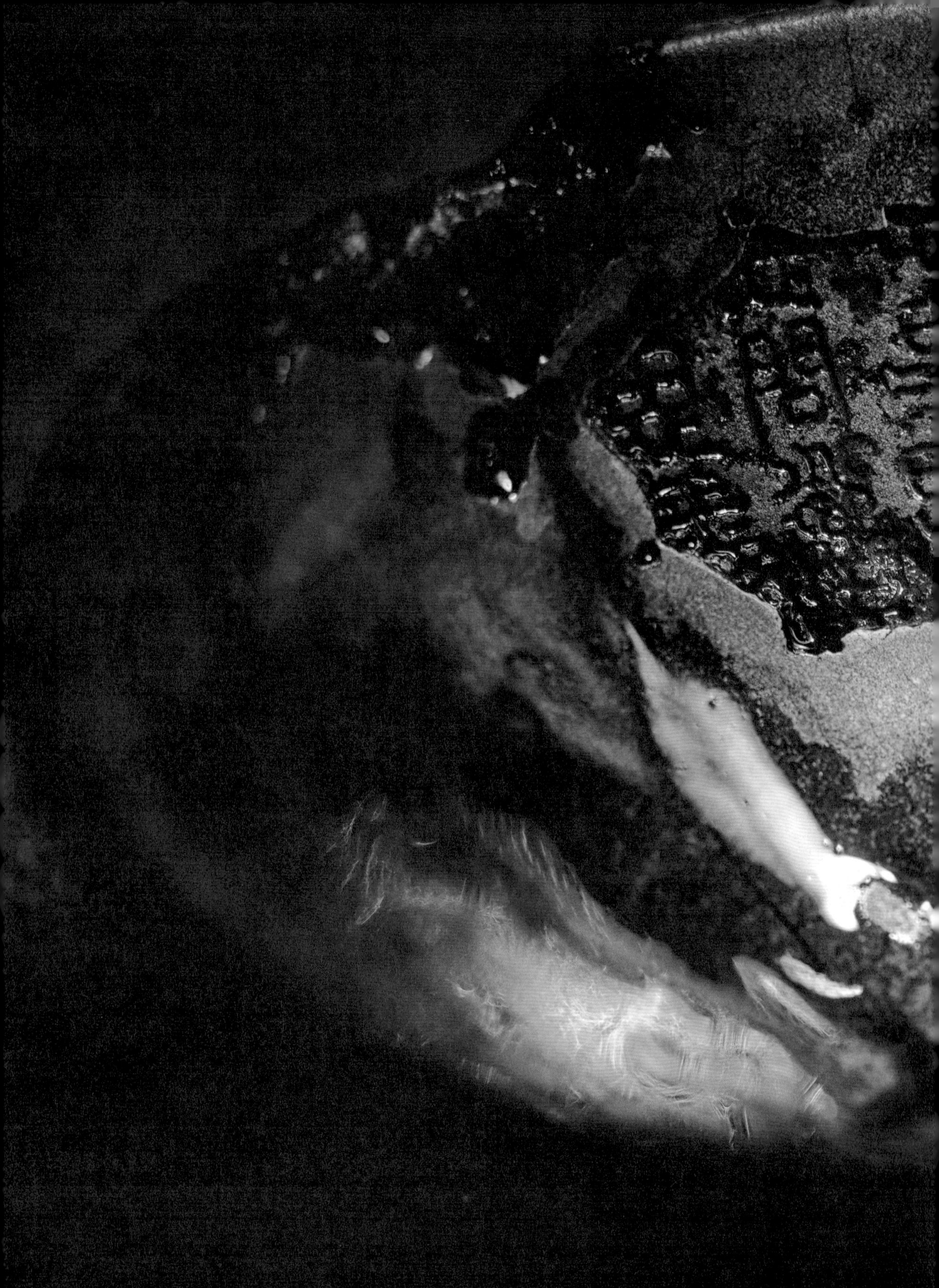

▲宋　建盏　雕刻

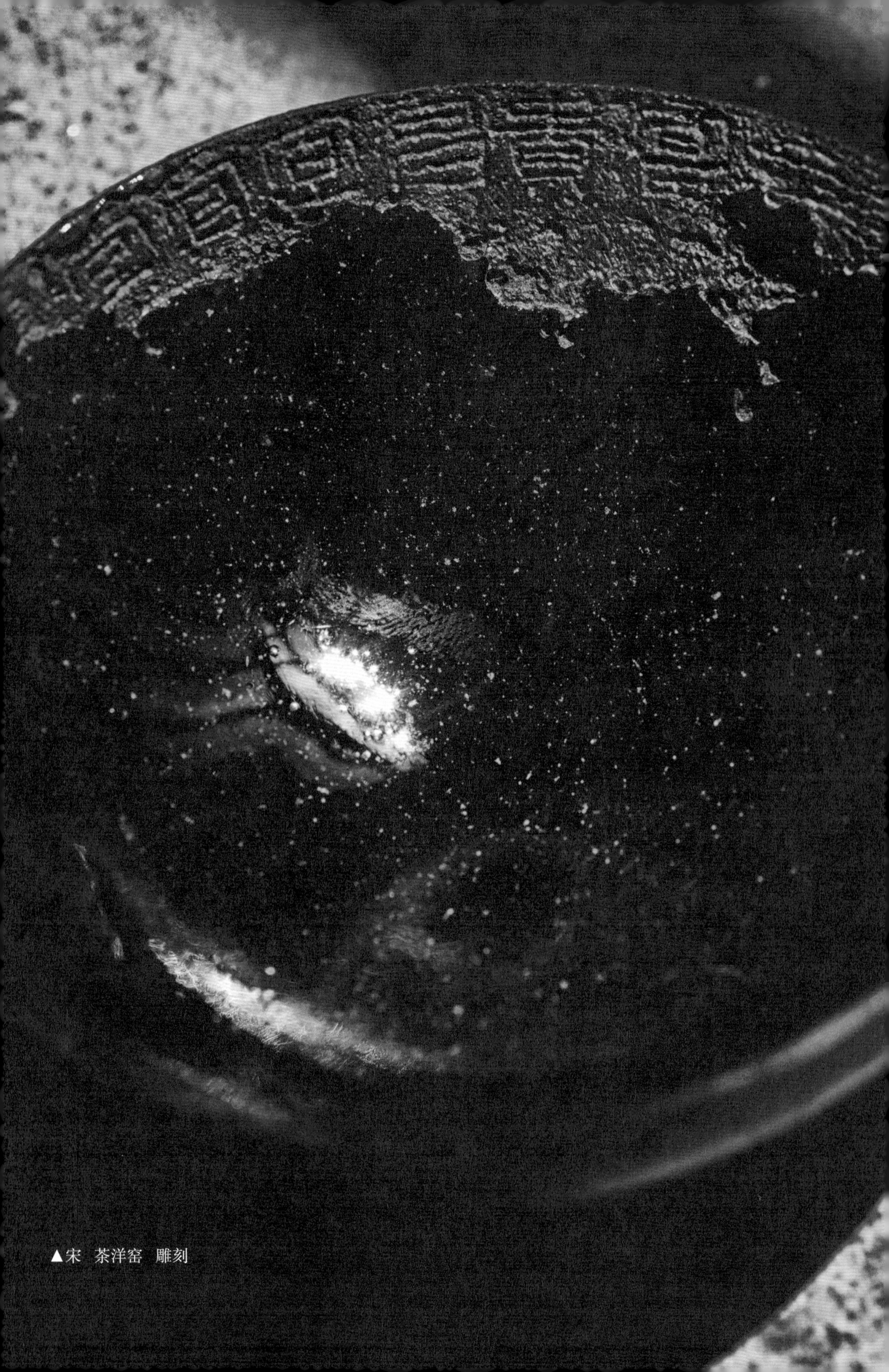

▲宋　茶洋窑　雕刻

▲宋　茶洋窑　雕刻

▲宋　茶洋窑　雕刻

▶宋　建盏　雕刻

▲宋　建盏　雕刻

▶宋　建盏　雕刻

▲宋　建盏　雕刻

▶宋　建盏　雕刻

▲宋　赣州窑　雕刻

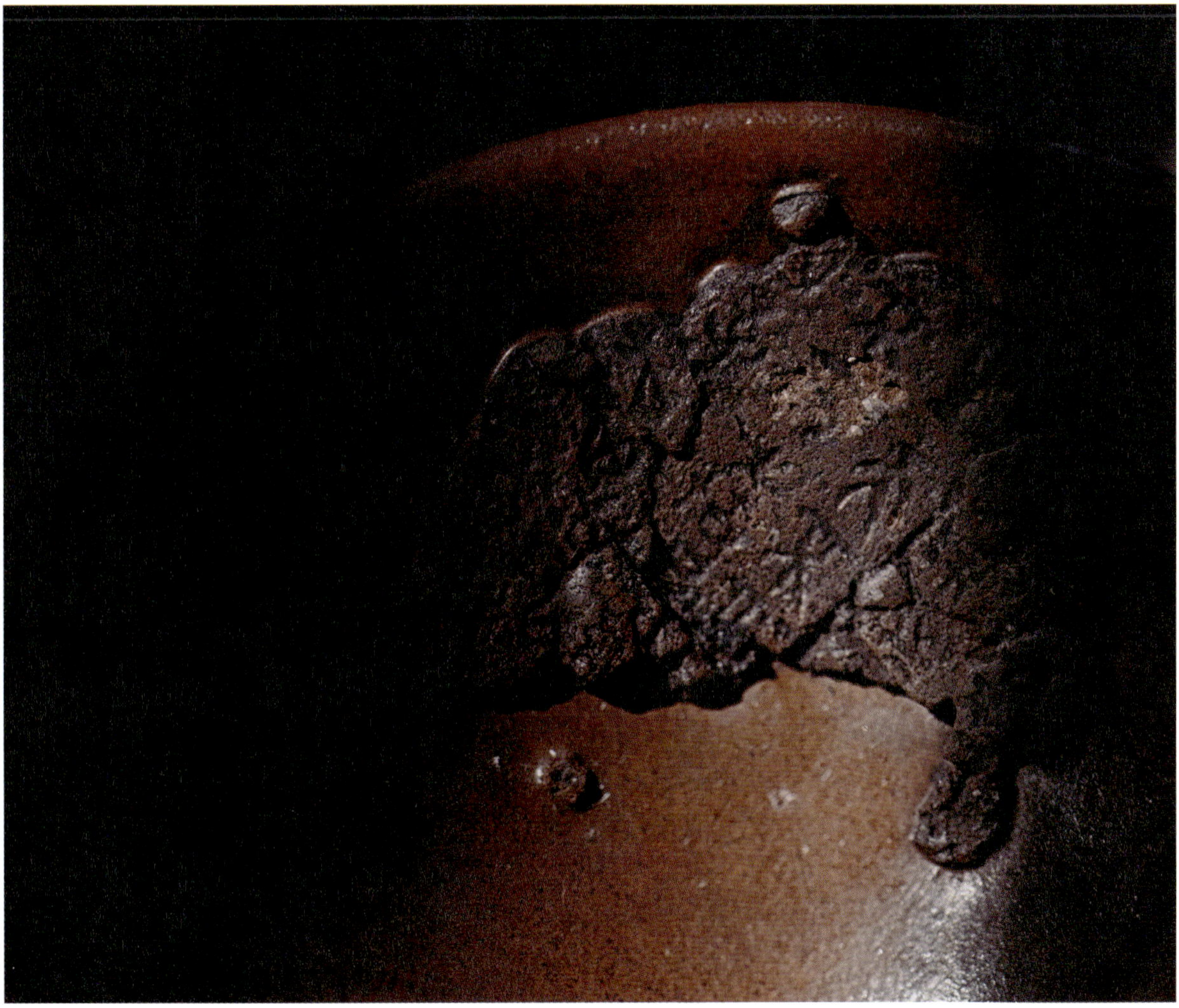

▲宋　建盏　雕刻

▼宋 建盏 雕刻

▲元　龙泉窑　雕刻

▲宋　茶洋窑　雕刻

▶宋　建盏　雕刻

▶宋 建盏 雕刻

▲宋　建盏　雕刻

◀当代 茶盏 镶嵌

▶当代　茶盏　镶嵌

▶宋 建盏 雕刻

▲宋　茶洋窑　镶嵌

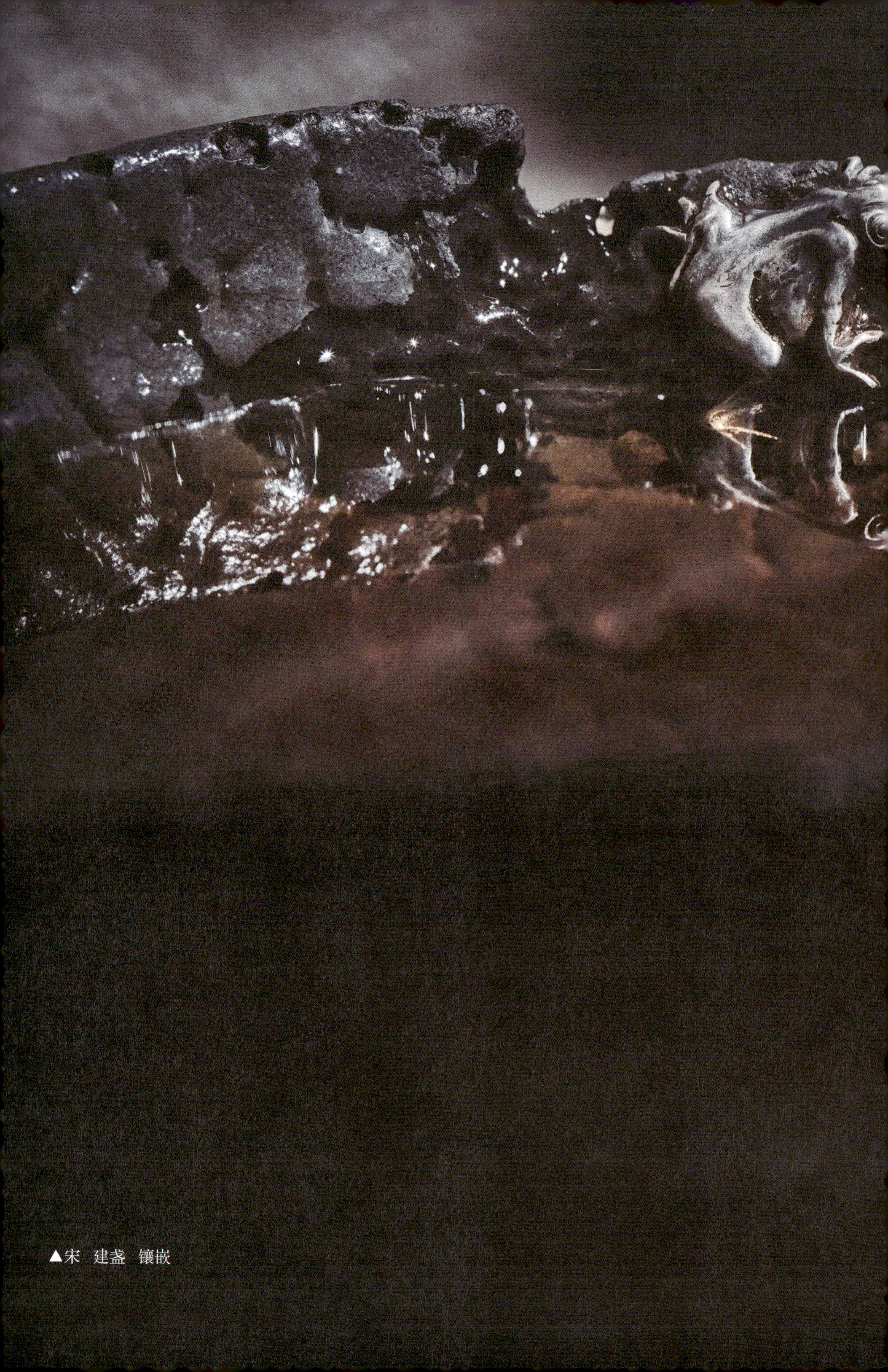

▲宋 建盏 镶嵌

活趣

乃能见清奇之灵境

通透玲珑

渊默而深

▲宋　建盏　雕刻

▲宋　福清窑　镶嵌

▶宋　福清窑　雕刻

◀宋　建盏　雕刻

▼宋　茶洋窑　雕刻

# 手——工艺之形式

一

海德格尔说："即使享誉甚高的审美体验也摆脱不了艺术作品的物因素。在建筑作品中有石质的东西，在木刻中有木质的东西，在绘画中有色彩的东西，在语言作品中有话音，在音乐作品中有声响。在艺术作品中，物因素是如此稳固，以致我们毋宁反过来说，建筑品存在于石头里，木刻存在于木头里，油画在色彩里存在，语言作品在话音里存在，音乐作品在音响里存在。"

桑塔亚纳说："材料效果是形式效果之基础。"我之所以说设计师的作品与手艺人的作品是不同的质感，设计师的作品是断裂的作品，正因为他们没能真正把握质料与形式的关系。

材料是一种只有手艺人能够听得懂的语言，许多手艺人都将自己的创作过程称之为与材料的交流。对此，我称之为——材料的承载性。

材料的承载性，即是物质材料呈现出的一种质料感，即材料的人格。

理论上，形式可以被当作一个独立的内容看待，但实际上，形式总是材料的形式化，因而二者具有必然的统一，材料存在于自然，形式生成于生活。任何作品总有一种物因素。理论中，总是会讨论到作品是一个多层次的复合体，假如遵循于这样的一种说法，那至于究竟是几个层次，不同人有不同的看法。

我认为对于生活中的器物而言，对于手艺人的作品而言，不妨将作品说为三个层次的统一，即是：材料层，形式层，意蕴层。

材料层与形式层密不可分，体现在一种直观中，作品总是具有一种物因素。

而器物与作品首先被把握的时候，是作为一种形式被把握的，人总已是生活中的人。

简单说来，我们看到一座房子的时候，通常首先看到的就是一座房子，而不是一堆砖头。就这一层面而言，形式是超越材料而具有一个自足完整的边缘的，这个边缘是我们的生存活动所给定的。

而意蕴层则不是一般有效、普遍有效的。它更依赖于一种“看出”的经验。

其实不必就是艺术品，凡是人造之物，通常总是以形式的方式被人理解和把握。只是说，如果是艺术品，那么这种形式感就不仅仅是作为一种意义或者价值用途被把握，而可能自其本身便具有或“即是”一种美，而这种美具有独立性。

意蕴层直观，但不具有绝对性与普遍性，但这不意味着虚无或者虚假，它在不同的心灵中呈现不同的意象。手艺人谈“艺”其实有诸多说不清道不明之处，倒不是没有说道的能力，而是本身如“气韵”这类意蕴就很难说出个所以然来。所以，手艺人的传习必须要在实践之中默会，靠的是领悟力，而不是知识的教授，知识是一种导引的氛围。

材料呈现出的质料感多数会直接参与整个器物意蕴的形成，成为器物自身必不可少的一项内部结构。我们的生活之流是它们存在的土壤。

在我的修造作品中，作为材料存在的——就是残损的陶瓷器。作为材料而存在于我这里的“残损陶瓷器”是不可还原的，什么意思呢？就是它作为“残损”与“陶瓷器”都是已然的完整的，不可还原的。

陶瓷器是以湿润的黏土塑形，过火结烧而成的造型艺术，是土与火的艺术。

黏土可以说是陶瓷器的原材料，但黏土却不是我作品的原材料，为什么这么说？因为在“修造”之工艺中，我所选择予以创作与制作的前提——则是已然成为陶瓷器并且已然破损的物件。在这一层面上，陶瓷器这个基型对我来说已是“现成的”。我是以一个历史流传物，一个具有自身时间结构的存在者——作为基础材料的，这个材料的特点不同于黏土，也不同于新烧陶瓷器的原因就在于，它已经具备自身的形态。而且，这个物件作为材料的质感，不仅仅体现出一般陶瓷器的普遍质感，还体现出一种具有时间性的质感，这个“材料”的质料感包含着时间。

它之作为“陶瓷器”的基型已是现成的，这种基于自身形态而呈现出的某种美感，不论是器型还是釉料，都已经是现成的。一定程度而言，我是将这种现成的美与艺术感直接移植到我的作品之中的。

同时，“残损”也应视为一种质料，无残损无修造。在修造的维度中，残损是作为质料被对待的，也是作为形式被把握的。

修造之理念，正是要在“用”的层面上恢复因“残损”而丧失的功能，可以说它要“消灭”残损。然而，在“感”的层面上，残损开放出一种别具意蕴的艺术感，或说美感，这是偶发性的美感，是不可复制不可制作的美感。这方面的意蕴则是在我的理念之中要保留，甚至要强调的。所以，修造最基本的原则之一就是要保留——这种“残损”的意蕴，甚至是要——突出它，强调它，揭示它，显露它，使其恰到好处地成为一种艺术感或说美感上的正向与积极的趣味。

“残缺”，从概念上来说，既有残又有缺即是残缺，在程度上也可分为轻微残缺和严重残缺等不同情况，这是在选择材料的过程中就必须判断的，因为残缺的等级会影响修造之后器物的功能性，以及在“造”的层面上表达的可能与限度。

体现在陶瓷器品相上，“残缺”又可以细分做下述几种状况：

**开片**。“开片”实质上是在烧造过程中，由于胎体与釉料收缩比不协调而造成的一种大量出现在釉面上的裂纹，一定程度上陶瓷器开片属于技术失误，失误后的器物据原标准而言，应归“残次品”。这种无规律排布的裂纹，是为窑内缺陷的一种。但这种无规律非人为的意外结果，却也造就了一种意想不到的视觉盛宴。后期制作的“开片”则是人们在其经验中对烧造的技术总结之后，可以达到对“开片”的发生予以技术上的控制，甚至可以控制到“开片”精致程度的效果，从而形成一种特殊的“开片”工艺。由此亦可见，“残缺”不尽然都是坏事，一种错误，却可能导致一种美的结果。

**流釉**。流釉是釉料在流动过程中形成的堆积或者痕迹。流釉实际上并不归属我们所说的“残缺”范围，但流釉也是一种较为常见的事故，也是一种典型的窑内缺陷。然而流釉虽然导致器物脱离了“标准化”，但至少在我的眼光看来，流釉给器物造成的失常与不平衡感，反而使得器物的釉料之美从总体上获得一种流动性，甚至流釉下行之势于凝固中竟然会体现出一种圆润饱满的珠玉之感。这种无意而成的不规则与不规矩，使器物获得一种个性与野性，这种个性，就是一种基于在场（个体）与不在场（标准）的交织与对立中被感受到的——具有一种狂怪的力量。

**杂质**。杂质可说是所有瓷器釉面上都存在的现象，只是依据我们的视觉感知，有些被把握到，有些则被忽略掉。因此，杂质在理论上是不可避免的，在事实上也可分为轻微杂质与严重杂质两种，轻微杂质的情况通常被视为正常情况。而严重杂质的情况就会明显影响到器物的功能与外观。杂质和流釉其实都不属于我所说的“残缺”范围，但两者也都会进入修造者的视野。严重的杂质，极端的情况下，例如发生塌窑，作为异物的石块或土块落入器物而与之粘连，或是器物之间形成粘连，如此则必须借助修造的方式，使其恢复某种独立。

**变形**。变形也是一种常见的窑内缺陷，理论上也是每一件器物必然存在的现象，区别仅在于轻微还是严重，是程度之别。脱开标准化的视野，器物意外的变形，有时会赋予一种荒诞之美，丑得可爱，扭曲得另类，和流釉一样，在特殊的一两件奇品中会释放出一种很强烈的艺术感——一种狂怪的力量，一种丑陋的可爱。相较于杂质所给人不纯或者异物感的那种很直接的不适，变形和流釉则是给人一种更为生动的视觉冲击，尤其是变形——那种意外造成的线条，富有很强的情感张力与生机。

**裂缝**。裂缝是比较常见的一种“残缺”种类。上釉的高温陶瓷，具有耐碱抗酸，不易腐蚀的特性，对于以安土重迁为传统的农业时代的生活，它具有很强的实用上的优越性。陶瓷器最大的短处就是极怕碰撞。但是天灾、人为疏忽或者刻意的毁损在日常生活中总是难以避免的。生活中的陶瓷器难免会因为这样或那样的原因造成不同程度的裂缝，因此与陶瓷裂缝相应而生的就有陶瓷修补术。

陶瓷修补技术对应的陶瓷器缺陷，也主要是这类日常生活中普遍存在的“生活性”裂缝。人类很早就学会用许许多多不同而简单的方式对陶瓷裂缝进行修补。谢明良教授写道：“就如陶器无单一起源般，对于天灾、人祸所导致陶瓷损伤之修护当然也见于世界各地许多民族和地区，而其陶瓷的修缮方式和使用道具亦颇多样，巧妙各有不同。对于不甚讲究陶瓷外观美感或实用功能的人而言，或许可以自行购入黏剂或利用手边现有的工具针对破损陶瓷进行简单的接合，否则就需委由专业匠人来处理。各地匠师的专业纯熟度或操作手法乃至于修护信念不尽相同。”这里突出强调了一点，虽然陶瓷修补方式是多种多样的，甚至可以自行用黏合剂进行黏合，但这里也强调了手艺的“专业纯熟度”与“修护信念”是不尽相同的。

**缺失**。缺失顾名思义，就是陶瓷器不但残损，而且残缺的部分无法找到，属于一种不通过补充就无法复原的情况，它丧失了器物的完整性。缺失，在修造的视野中也分为不同的情况，粗略也可以分为轻微与严重两种。轻微缺失，又可以包含磕伤，磕伤应该是属于缺失范围中，损失面积最小的一种情况。此处，我们仍将轻微缺失理解为是指器物仅仅是小面积磕碰造成的部分质料的减损，形态上判断则仅仅只是因部分缺失而造成口沿线条的不完整，一般不影响器物继续使用，仅仅是存在外观的变化，对于这种情况，目前较为流行的做法则是日本的金缮工艺，它是一种在黏合剂中加入生漆、金粉或者银粉予以填充修补的办法。但我认为这种修补术与其他单纯使用黏合剂进行修补的技术一样，都有一定的缺陷，即黏合剂本身的性质决定了其不能长期遇水、遇热或遇腐蚀性溶剂如酒等且容易脱落和损蚀的缺点，因此用黏合剂修补的器物虽然牢固美观，但并不经久耐用。因此在我看来，这种修补技术与其说是实用性的，不如说更多是装饰性的。对于这样的轻微缺失，基于我的理念，则愿意保留缺失，仅仅将缺口中的锐面做适当处理，一则使其平滑，令其在使用中不伤害人体。一则可能予其以更大程度的打磨，目的在于取出一支合适的线条，保留在口沿之中，维持视觉上的舒适，同时保留出一种残缺的意蕴。在表现残缺与确立残缺自身之美感这一层面，修造与金缮的内在精神又是同工之妙。但我认为，修造在恢复实用性的层面上，要比金缮工艺更坚决。

对于严重的缺失，其缺失的面积可能由口沿达至胎腹与底足，这样的缺失直接造成的是对器物完整性的破坏，直接取消了器物的实用性。严重缺失的情况，如果不另做内容上的补充，则不可能恢复其自身的功能。对于这种情况，历史上存在的修补方法也是多种多样的，主要还是以黏合技术为主，有些器物也会采取复烧的方式恢复。以黏合为主的修补术，则是要另取一块材料与残缺的器物对接黏合，通常人们选取的是同质性的材料，如相近相似的瓷片，比较流行的方式就是日本的“随缘缮”，但这一做法和我上述强调过的缺陷是一样的。

而我的修造方式，则是从传统“锔”的技术中发展出的一种陶瓷与金属的接合技术。由于陶瓷和金属是异质材料，二者在接合的同时需要考虑到金属熔点与陶瓷耐热界点的分寸，否则极有可能金属熔化时，陶瓷边缘则炸裂形成新的破坏。而能够进行塑形与引导的金属，自身硬度不可太高，延展性与可塑性要好。那么符合金属熔点与硬度、延展性、光泽度等条件，且能和陶瓷对接的金属材料，很可能就是需要自己重新研究配比而成的合金。在合金的配比中，找出合适的熔点很重要。对于大面积缺失的陶瓷器，在其空缺处，我会先用金属做出基本框架，以维持其稳固，再以合金逐点逐处填充塑形。总之，在我看来，用陶瓷质料与金属质料形成一种具有视觉反差、意味反差的接合，还是很有尝试性的表达。这种新形式的拼接，令器物的形式与外观具有一种新的结构性与肌理感。赋予器物更为丰富的意蕴。

**土蚀**。土蚀多发于出土陶瓷，由于陶瓷器长期于土壤中埋藏，陶瓷器尤其是其釉质会在土壤潮湿的环境中发生反应，土壤的酸碱性、干湿条件等都会造成不同的土蚀现象。

土蚀现象与磕碰造成的缺失虽然都体现为一种质料的减损，但二者在形态的表现上却也有显然的不同意蕴。磕伤所显示出的痕迹明显地具有刚硬、锐利、局促、粗糙的特点，有一种视觉和心理上的不安感。而土蚀通常伴随着较长的时间阶段，是在时间中以一种缓慢、安宁、流动的方式发生的一种减损。有时显得剥啄而沧桑，有时还会因为土沁等变化，而具有细微的色泽的改变与丰富。对于土蚀器物的修造方式，则与对待黏连杂质器物的方式在思路上是一致的，除非同时还具有其他的缺陷。

尤其在一些胎体较为厚实的陶器中，其胎体的肌理本身是十分丰富的宝藏。从我解剖陶瓷的经验来看，胎质较厚的胎体可以析出多个不同层次的肌理。在不同层次的肌理之间可以酝酿出不同面貌的意蕴，善用——适当的保留与剔除，营造不同肌理层次之间的关系，会使器物开放出一种很宏大的叙事意味。不同肌理层次间显与隐的呼应，使得器物具有一种斑驳而寂寥的岁月感。

**失亮**。失亮通常也被认为是一种陶瓷器的缺陷。但在我的视野中，失亮则是我所要求的一种美感，也就是说，陶瓷器的失亮对我而言是一种基础的质料感。

除了上述这些陶瓷材料，其他的材料则主要是金属。如在锔与锢，或者在镶嵌的工艺中，则会使用到金属材料，如金银铜铁等，但此时使用的金属材料并不视为一种次要的辅助性材料，因为它们在器物的整体性中是一道呈现的。

二

作为修造者须认真思考修造与器物之间的关系，器物损坏的裂痕和缺件是主动在向修造者提出要求，也就是说，损坏部位并不是修造者需要克服的对立面，而是修造者需要依从和响应的主体。

“残损”作为一种最后被保留并被体现出的形式，可以说，“残损”不是被掩盖了，而是被突出、被表达了。

“残损”在最初可以被作为一种质料把握，是因其结构表现为一种空间关系。在此意义上，与其说“残损”是一种“没有”（质料），不如把握为一种“有”（空间关系）。唯其如此，“残损”才是可见的，可理解的。

世界是一个意义整体，“无”在“有”中，才能被看到，才被理解。

“修造”是一种不论努力掩盖其“痕迹”还是有意流露其“痕迹”，都将会以一种特殊的形式出现在作品之中。

这种形式，自其发生来看，自古陶瓷器破损，人们多数情况下的意图都是将其修“合”，也就是用黏合等技术，使破损的器物自其功用至外观都尽可能达到与原样符合的程度。基于这一修补意图而生发出来的陶瓷修补技术，则是以“复原复全”为其基本的修补信念，这样的修补术不但要求将破损的陶瓷器黏合使其恢复正常的实用功能，还要尽可能地美化其修复痕迹。对于“复原复全”这样的信念而言，意味着对修补术的要求则是尽可能美化，甚而要去除修补的痕迹，尽力保持器物原貌。

“锔修”作为一种在实用功能上更牢固的修补术，在历史上却大多只通行于民间日用器的修补，如明代文献中所记载的，作为观赏之用的宋代古瓷，则要避免锔修，以黏合为上。而清宫内的陶瓷器修补，也是主要以黏合、复烧这种尽量掩盖修复痕迹的方式为其上品。而具有更强实用性质的“锔修”则只能是用于厚胎的花盆、水缸等杂件的修补。以黏合剂修补的技术方式用于以观赏为目的的陶瓷器修补是合适的，然而若将其用在实用生活的层面上，如需大量遇水、受力、溶蚀、高温等条件，则做不到经久耐用。因而不论是宫廷还是民间的生活杂器，“锔修”仍是最可靠且普遍通行的修补技术。

“锔修”自一种消极的、被动的补救技术，演化为一种可以并存于器物的特殊“形式”与“景观”，则是受到一种“观物”观念的影响。这种“观物”观念体现出一种更强、更特殊化的“精神性”“艺术性”与“审美性”的自觉。

乾隆皇帝十分偏爱黏合与复烧的技术，而否定“锔修”作为一种更高的价值，其原因主要是出于一种“观念”上的考虑。谢明良教授写道：“乾隆为何会热衷地采取将陶瓷外观尽量修整得近于完美无瑕的修护方案呢？我认为这可能和他自己也提到的土型之德，即隐含于陶瓷之德行象征意义有关。《史记·五帝本纪》载舜'陶河滨，河滨器皆不苦窳'，这是说古史传说五帝之一的圣王虞舜，是第一个烧造出无髻垦薜暴陶器的人，而之所以能烧制出完美陶器的原因，乃是舜秉承了至高的德行。乾隆皇帝对此一典故显然了然于心，且自命可比帝舜的河滨遗范而致力于陶冶，并对古瓷进行几近完美的修护。"在乾隆皇帝的心目中，最高的价值显然是一种"复原复全"的信念——应该将缺损的陶瓷修补复原到外观完美无瑕的境地。因此，金属钉外露的"锔修"尽管十分牢固，但绝不符合当时以宫廷审美为其主流价值的修护信念与审美态度。而这种以"复原复全"为一种最高价值的修复信念，是一种自古以来就十分流行的观物态度，除去如上述乾隆皇帝的"比德""应天"这一类观念之外，更深的缘由应该是人类更基础的一种心理结构。

因此以"复原复全"为最高价值的修复信念不但因其具有一种特殊象征意味而流行于高层，即便是一般的民众也通常以此作为一种待物标准。晚明时期，"锔瓷"作为一种象征手法逐渐进入文人画，并以其独特意味而为文人生活所欣赏，陈洪绶的画作多喜表现高古意境，其中便有利用碎器或锔钉作为一种象征手法来营造高古情境的创作，文人画与文人生活对"锔修"器物做出了一种有益的诠释，拓宽了人们观待"锔瓷"的视野与可能。然而，即便"锔瓷"的意蕴能够为部分文人阶层所习尚，但一般的民间修复仍然不愿贸然尝试，尤其是对于一些珍贵的古瓷。据文献内容可以发现，当时的藏家在鉴赏古瓷时，对其损伤处仍是采取小心翼翼接合的方式。

因此，不妨这样说，通常，人们总是奉“复原复全”的信念为最高的修补价值，而在这样的价值取向中则潜藏着人们生活的最基本的信念，所以这样的心理趋向基本上可以说是普遍、稳定、而不自觉的。而这种基本信念的来由，则是基于一种人的自我理解，这是一种最基本的心理结构。在这种心理结构中，人们在生活世相上反映出一种极力“求全”的人生取向，人们总是以“破镜重圆”作为一种更高的心理期待，而对“残损”本质上是否定的。

而在人的历史中，人对自己的诠释会拓宽人观待世界的态度，包括观待生活与生活中种种事与物的态度。因此可以说，在人类生活的历史中，随着人之自我理解的演历，“锔瓷”作为一种独立的价值而被接受与欣赏，甚至以“修补”痕迹作为一种更高价值的趣味之形成，是一个历史过程，更是一种人的自我理解的扩大化。

以下则简述几点有文献依据的，历史中所形成的，不同的看待“锔修”陶瓷的态度。

（一）明代，以锔钉接合陶瓷是民间通行之具实用性的修缮技艺。而到了明代后期，通过锔钉这样特殊形式补修的陶瓷有时又成了文人表现古物、营造高古气氛的道具与象征之一。

王问绘作于嘉靖三十七年的《煮茶图》中则出现了一件醒目的“锔瓷”。文人画作经常借不同的器物来营造画家所要表现出的意境。常见的则有古砚、古瓷等，如常用到开片瓷釉的物理特征来寓意画境，由此显露画中人物的高古情怀。王问《煮茶图》中出现了施加锔钉补修的瓷盖罐，且出现在画卷中一个较为中央的位置，显然是画家刻意的安排，以此来象征古意。又如陈洪绶，也擅长利用碎器或锔钉来营造画作的高古情境。然而究竟“锔瓷”于当时人们实际生活中所具有的位置如何，以及所呈露的意蕴如何，暂且无从可知。但仅从文人画这一角度而言，至少说明了“锔瓷”获得了一种依据其自身特殊形式而被表现的象征意味，而这种象征意味也因画面的整体趋向而可以被理解得十分具体，即是在此，可以被视为一种画面符号——高古，得以明确。在这里，“锔瓷”获得的独立意义还只是显示为一种符号与象征的价值。

（二）依据日本区域对于“蚂蟥绊”的记载，我们可以看出“蚂蟥绊”于日本流传与接受历史中，至少已经呈现出一种对于“锔瓷”自身趣味的重视与玩赏的现象，这是一种较之于“锔瓷”以一种出现在画面中作为象征与符号意义而言的转变，它体现出“锔瓷”审美，从原先还不具备完全的自身独立意义的象征性质到达“锔瓷”自身作为器物的价值被接受的转变。日本江户时代的儒学学者伊藤东涯撰写了《蚂蟥绊茶瓯记》，其中写道：“……明人遣匠以铁钉六铃束之，绊如蚂蟥，还觉有趣，仍号蚂蟥绊茶瓯……予固非博古者，然其华雅精致，宜其为前世将相所尚也……”，《蚂蟥绊茶瓯记》中所记载的具体故事是否属实，学界仍有争论，但于其中至少可以看出几点结论，“蚂蟥绊茶瓯”作为一种“锔瓷”的形式，已然得到独立的赏鉴与接受，故而虽非“博古”之士的儒学者伊藤东涯也赞其“华雅精致”。“锔补”的形式已然在“蚂蟥绊”中获得一种超越自身的趣味与价值，参与到“华雅精致”的整体韵味之中。

（三）千利休作为日本茶道史上的重要人物，其茶道观念对于日本茶道精神总体的影响不可不谓之深。因而，考察千利休从其“茶道”精神观待“锔瓷”的态度也是有必要的。山科道安于《槐记》中记载的一则千利休故事也涉及“锔瓷”赏鉴。其中写道：“虽说千利休是那么风雅的数寄爱物者，对于陶瓷施加锔钉亦觉惊艳，此或是将锔补视为景观来鉴赏吧。”此处“锔修”似可以被认为是喧宾夺主，成为微略高于器物的一种“景观”。

另一则关于千利休与“锔修”的故事则是，千利休在小田原做的“竹尺八花插”，花插裂缝处施以金属锔钉，即“锔修”。对于千利休这样于茶道有高深造诣且深谙陶瓷修补之艺的人而言，其制作花插的考量则显然是具有一种高度的“艺术自觉”。

千利休制作的“竹尺八花插”是一个十分精巧的创作，它不但利用了“竹尺八”自身已形成的包浆和韵味，而且充分利用了“尺八”原先的线条形式的美感，甚至保留局部特定的结构造型，使得“尺八”自身的象征意味和联想性都能保留在对器物的理解之中，可以说这是一件从取材到形制都具有艺术自觉的器物，因此我认为，在这件有千利休制作性质的“竹尺八花插”中，已经可以看到“锔修”作为一种特殊形式被表达的现象，可以说，在此，“锔修”形式已经成为一种稳定的艺术语言了。传千利休与其师辈武野绍鸥所制作的竹制花器多见金属锔钉，也能很好说明如上这种判断，即“锔修”以一种形式融入器物的制作，其自身已经演历为一种可以被表达与感知的艺术语言。

“锔修”在日本的接受历史中演化为一种稳定的形式与可表达的艺术语言，

则不能忽略其前提条件，也即是茶道的基本精神。

在中国，“锔修”这种金属扣钉外露的锔补方式被认为是不适合古瓷修护的。

在世界各国，“锔修”都是通行的做法，但都没能如日本地区这样，将这一形式意味予以独立观待，不但将其保持为一种独特的“艺术语言”，而且积极将之作为独立的形式融入器物的制作之中。而其之所以得以确立的大背景，则不能脱开“日本茶道艺术”这一维度。尤其是千利休的茶道精神。

大西克礼写道：“茶道，无论从其形式上还是从精神实质上看，都不是以‘艺术’这一概念可以统括的。茶道所主张的是‘茶禅一味’‘和敬清寂’‘安分知足’和‘随遇而安’。这些主张当中所包含的道德的乃至宗教的意味，从古至今都是作为茶道的指导精神而一直加以强调的。”

茶道的基本精神与审美可以高度归纳为“侘”和“寂”这两个概念。千利休本人则是在这几项基本精神的倾向中更个人化地强调了“朴素”这一个性，千利休说过：“假如，我们有‘侘’之心，还不如把自己的家屋弄得朴素些。”

因为，从原本上说，茶人的基本立身点，以及茶道精神成立的基本范畴就是“侘”“寂”。古来各种关于茶道记述的文献中，关于“侘寂”的记载随处可见，但与此同时存在的现象则是不同作者会对“侘寂”做出一种自我的直接解释。因而使得“侘寂”虽然作为一种茶道艺术的底色，但也呈现出极为丰富且不尽相同的内涵。“侘寂”的问题留在下文继续探讨。这里想要指出的一点是，“锔修”之所以可以发展为一种形式，是因其得到了一个最适宜的存在条件，也就是“茶道艺术”。“茶道艺术”中存在如“茶杯”“茶桶”“花插”

这一类有着特定用途与特定指向的器具，而这些器具总体上则为“茶道精神”或说“侘寂精神”所规范。因此在“侘寂精神”的总体意味中，茶器则体现出一定的格调要求，即于自身的意味上须与“侘寂精神”相一致。而“锔修”所呈露出的形式与意味，无疑是符合“侘寂”与“素朴”这一基本指向的。故而千利休对“锔瓷”的赏爱也就是很自然的事了。

除了“锔修”，各种不同种类的修补术基于“茶道艺术”与“侘寂精神”所开出的视域，均能在日本得到独立的地位。

形式即内容，修补与修缮作为一种形式在日本甚至发展为将其扩大化作为整个器物的基本形式的程度，即完完全全用修补的手法造出一件“新器物”。这是典型的把修补作为一种纯形式，把修补托化为器物的形式，让修补的意味作为优先于器物的基本的形式而被先行把握。其中一种“以修为造”的方式就是“呼继”，以刻意凸显“呼继”修补方式的器物，在茶道历史中也属常见，这里直接以一个案例的方式说明“呼继”的手法与目的。

日本陶艺家荒川丰藏有一件名为“志野茶碗”的作品，当时他受托为老茶人益田纯翁九十岁寿诞献礼，他根据老茶人的品位，别出心裁地制作了一件茶碗。荒川为其走访美浓、大萱的十六世纪桃山时代的窑址，采集诸种残片，经由切割、拼合、漆接、金缮等工艺组合而成一件茶碗，即“志野茶碗”，这一创作可以视为对“呼继”的新诠释。也显示出了“呼继”的基本内容。时人称其为“品相高逸，气宇非凡。”这就是完全将“修补”这一形式转变为了一种纯粹的“造器”工艺，可谓别出心裁。■

▲宋　建盏　锢·雕刻

▶宋　建盏　雕刻

▶唐　德清窑　雕刻

▲宋 建盏 雕刻

▲宋　福清窑　雕刻

▲宋　茶洋窑　雕刻

▲局部　　　　　　▶宋　茶洋窑　雕刻

►宋 建盏 雕刻

▲宋　建盏　雕刻

曾有人问爱因斯坦对巴赫怎么看，爱因斯坦答道：“对巴赫毕生所从事的工作我只有这些可以奉告：聆听，演奏，热爱，尊敬——并且闭上你的嘴。”意蕴即是不可说、不可陈述的。

那么，如果要谈一谈意蕴层的内容，则只能从一个与之相关的层面来谈了。也即是作品的总体精神与风格。茶器的艺术感总体上是被“茶道”所特有的精神旨趣所规定，因此也可说，“茶道”艺术中总体呈现出的一种基本精神与风格是直接影响到茶器的艺术性与风格的。因此不妨说，茶器的艺术性与风格也可以归纳到“侘寂”这一精神理念与审美范畴之中。千利休的弟子南坊曾著有一部《南方录》，将千利休的事迹加以记载，该书把“茶道”的精神用一个概念予以说明，就是“侘寂”。

在我理解，“侘寂”既是一种审美范畴，更是一种现实的生活形态。具有一种精神修炼的意味。

大西克礼通过对俳谐艺术与茶道艺术，尤其是松尾芭蕉与千利休思想的研究指出：寂与宗教、悟道相联系。因此不妨可以说，“侘寂”是一个具有高度统括性的理念，其中不仅包含美的形态，更体现为一种精神意义与生活价值。而茶道艺术中渗透的“侘寂”精神必然又会以某种具体的方式在主观与客观的事相中予以呈露。

“侘寂”的内容是极其复杂与多样的，其中涉及体验者的自我理解与诠释，因此会呈现出不尽相同的文本面貌。千宗室在《宗旦的侘茶》一文中，对“侘”这个词做了如下解释：“所谓‘侘’，作为一种风尚，不是那些在生存竞争中失败的遁世者，与社会格格不入的隐逸者们离群索居的避难所，而是为了涵养一种优雅娴静的心境，而崇尚清寂……娴静的心情就是从容不迫，心地舒畅开朗，这是一种豁达、宽阔、明亮的心胸，而不是闷闷不乐的情绪，一直保持爽爽朗朗的精神状态就是优美之心。茶道中的‘侘’，指的就是这种心情。”这段话是对“侘”所做出的一番很有积极意味的诠解，虽然不尽代表“侘”的全部意味，但其中体现出的一种精神向度是很值得我们借鉴与回味的。

而“寂”的意义则与俳谐与茶道艺术有关，“寂”内含着一种于文字中并不出现的“真”与“诙谐”的意味，这既是一种人格性的内容，也是一种艺术感的范畴。同时，寂，首先有“寂寥”的意味，并由此可以关联出如“孤高”“闲寂”“空寂”“单纯”“淡泊”“清净”“朴素”“清贫”等意味。“寂”中体现出“宿古老”的意境，显示着某种时间上的积淀性与深远感。

“侘寂”同时是奠基于禅宗精神的基础，生发出对于事物从自然诞生、成长、衰败和死亡、连续、循环的思考。它指出一切的存在都是一种必然，都是一种本然而且本真的存在，因而不论何时何地何种形态都具有自身的价值。

冈仓天心在他的《茶之书》中指出，日本“茶道”本质上：“是一种对‘残缺’的崇拜，是在我们都明白不可能完美的生命中，为了成就某种可能的美，所进行的温柔试探。”这种对“不可能完美”与“某种可能的美”的领会即是一种自我理解的扩大化，这种自我理解的扩大化进而也会反映在人观待器物的态度上。冈仓天心说：“茶道基本上是对不完美的崇拜。他试图温驯的方法，在不可能之处，找到可能之物，在我们所谓的生活中，完成真正的美学追寻。”

日本“茶道”中一种特殊的对于“残缺美”与“粗野美”的追求，甚至形成一种风尚。“云山冲肩”与“破全壶”的事例都反映出了在这种审美风尚中所造成某种新的极端倾向，这种倾向显示出，对“残缺美”的崇拜已近于一种极度的刻意与盲目之中了，谢明良教授就此评价道：“豪门雅集成员为遂行个人美感品位的恣意作为实在让人深感不安。”

的确是令人不安，这种对“残缺美”过于刻意甚至盲目的执着是与我的“修造”理念不相符合的，在“修造”的理念中固然隐含着一种对于“残缺意味”的观待，但在总体上还是以一种“健康、真实、优雅”的趋向为其纲领。作为一个有着自身生存传统的个人而言，不论我是否主动选择这个传统，事实上都不可避免地受到这个传统的深刻影响。于是，在与自身相关的这个传统中，我更愿意把“侘寂”理解为“中和的沉静”。

我希望我的作品，能映现出一种“中和的沉静”与“灵性盎然的活趣”。■

▶宋　建盏　雕刻

▲宋　茶洋窑　雕刻

▶宋　茶洋窑　雕刻

八千里山和云月

跋涉风尘

嶙峋岩洞，颇赖幽栖

朗朗华光映碧湖

几点顽石卧他乡

且着衣安坐

心念我佛

任他人攘攘来风凄凄

▲局部

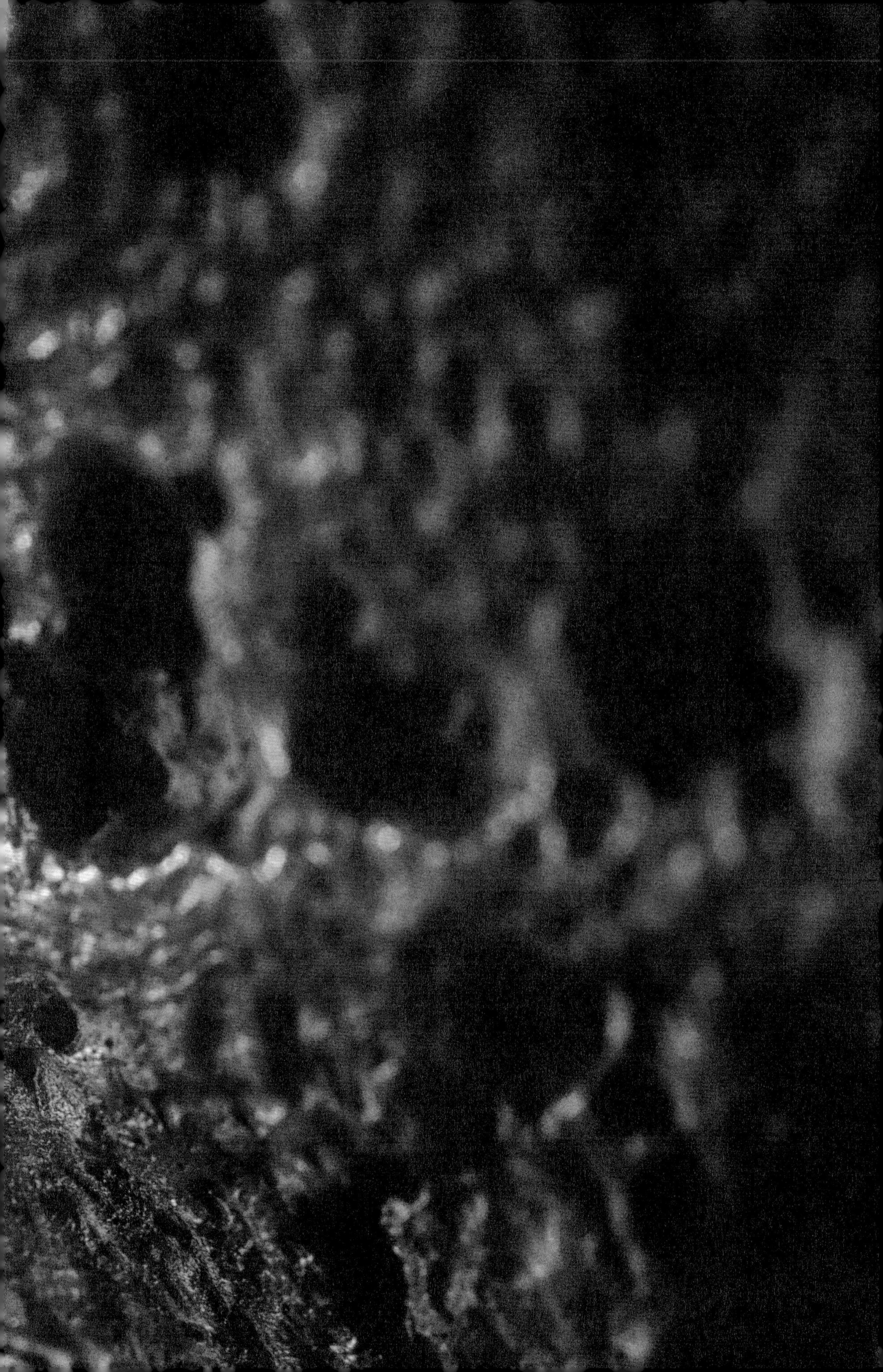

▲局部

▲局部　　　　　▶宋　茶洋窑　雕刻

▼宋　建盏　雕刻

▶宋　茶洋窑　雕刻

◀宋　建盏　雕刻·银扣

◀宋 建盏 雕刻

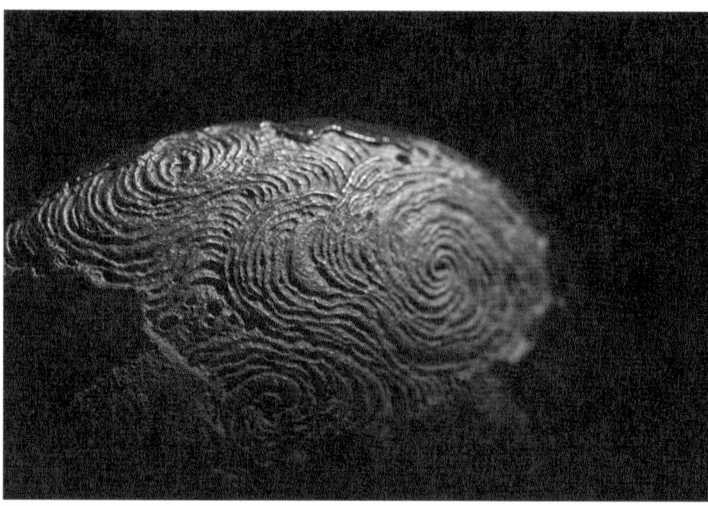

▲宋 建盏 雕刻 ▶局部

►宋　建盏　雕刻

▶宋　建盏　雕刻

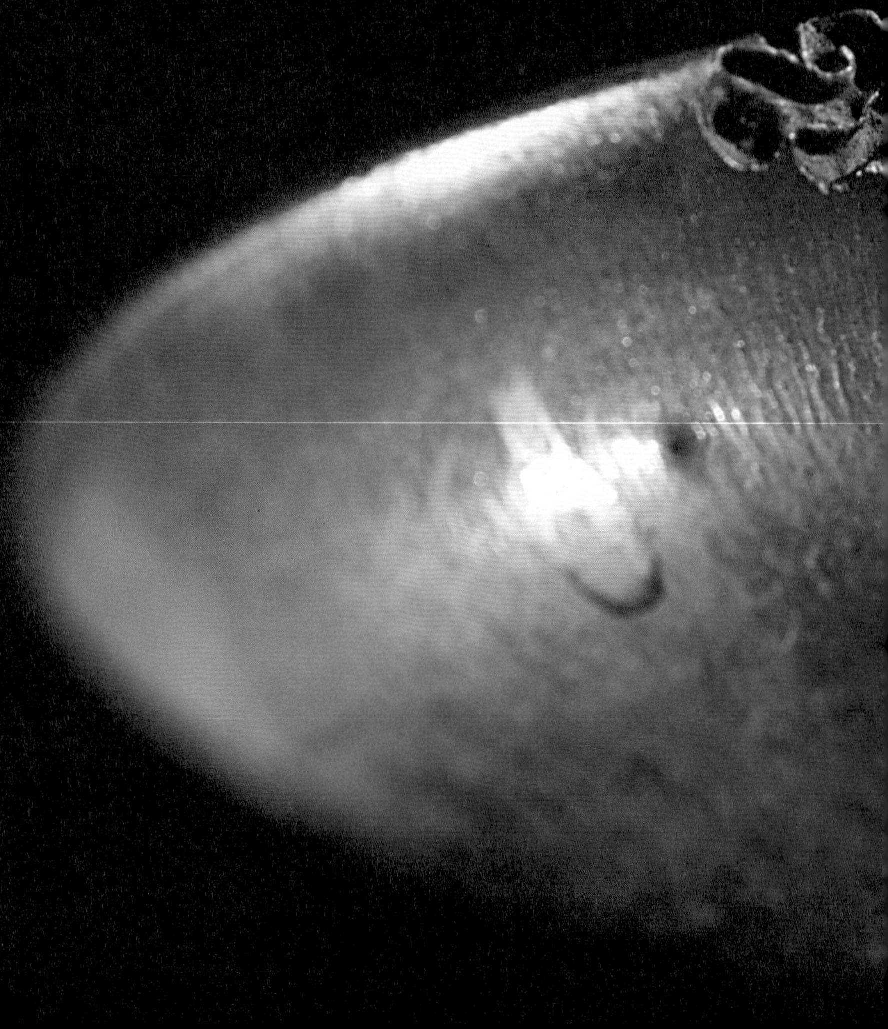

▶宋 建盏 雕刻

▶宋　建盏　雕刻

▶元　龙泉窑　雕刻

▶宋　茶洋窑　雕刻

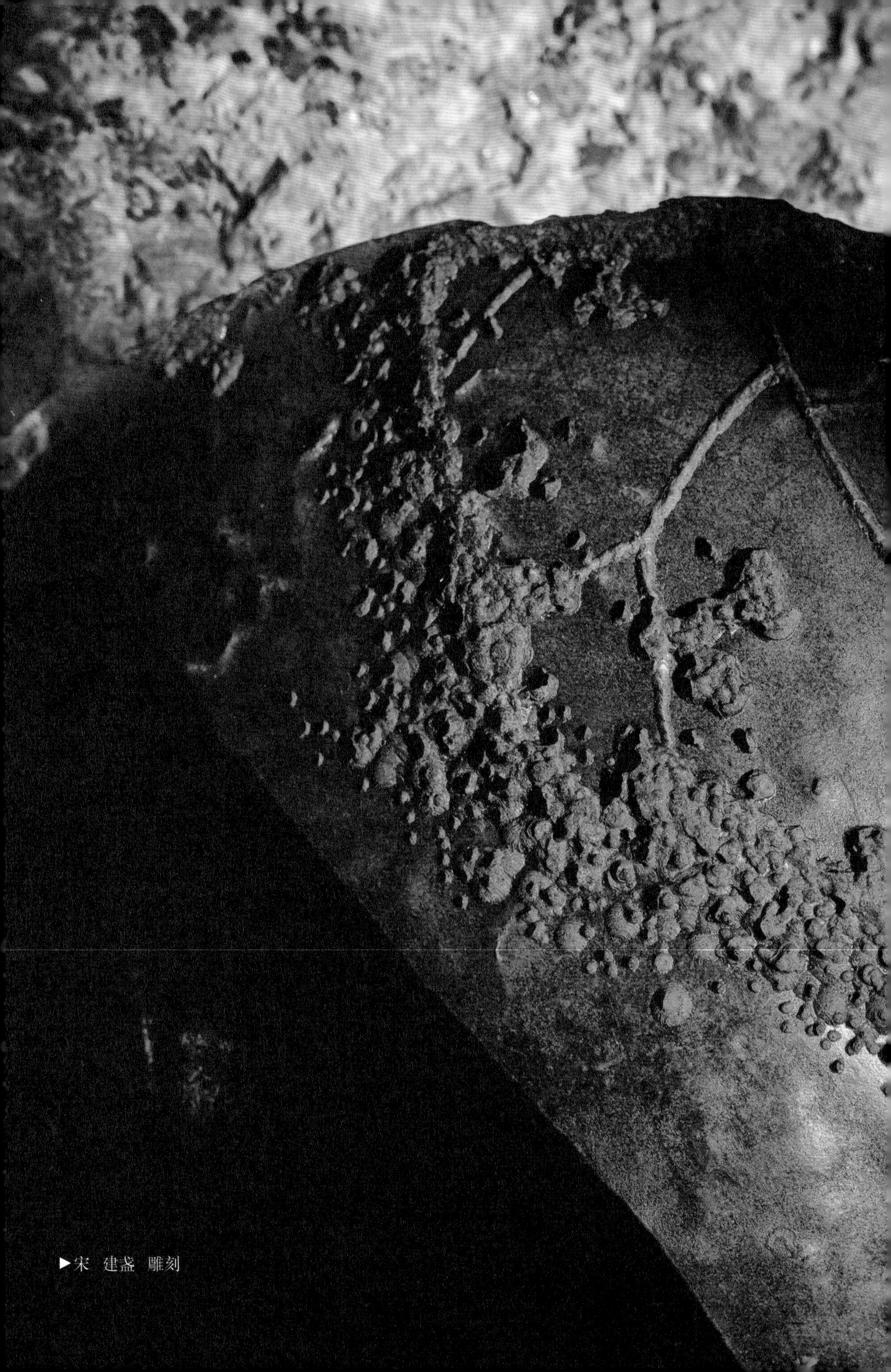

▶宋 建盏 雕刻

# 人——生命感

有人才有器，才有人的种种作为。人与人的交集是一种参照，人所处的世界也是一种参照。我们在参照中辨认并理解自己、理解器物、理解所作所为的意义。

器物之为器物，在于它的本质有人的维度。

使用器物是重要的，制作器物也同样重要。

生活为我们的行动提供起因。

每个人都有属于自己特定的历史，这样的历史提供着我们处世为人的基本“道理”。

这个道理连接着“器物”的道理与“工艺”的道理。

若干年来，跋涉山南水北，由茶及器，由器及艺，由艺及人，由人及事，由事及茶。渐与万物礼遇，与不断新生之自我相遇。乃嗅蔷薇。乃喜。

及今，身负手艺人之名，终不敢有负。

守艺之心也，一器，一人，津梁万物。

2013 年始，习锔瓷技艺至今。

入手艺人行当，很大程度上得益于锔活带来的对器物的理解与感情。

而我现在所做的，我更愿意称之为——修造。不是叫作锔。锔，是缘起。

因为除了修，我还在试着创造一些东西。

从修到造。

山南水北，凡一艺可求者，吾往矣。

做东西，是从无限多的线条中选择一根。

这是一场持续不断的精挑细选。

其实做人也是同样的道理。

大西克礼说：“东方人‘艺能’与‘艺道’的观念比起西方的‘技能’与‘技术’这样的观念，包含着对参与者人格主体主观精神的方面加以强调的意味。”

什么样的人做什么样的器物。

我对“修造”的理解与思考，对于艺术的探寻，受到日本茶道“侘寂”精神与日本物哀美学的影响。但我认为，接受一种异域文化的影响，并非就是一种对异域文化的单一而被动地接受。这其实是一个融入与调和的状态。你自身的原始经验总会给你提供一种能够与之相感并与之相合的性情为其温沃的土壤，在这样不同土壤的糅合中，自然生发的生命形态不能够被简单地归类，也不能做一个单一的等同。

我喝过的每一口茶，每一口酒，走过的每一条路，遇见的每一根花枝，其实都是我。

因此，单说就是由哪一种文化决定了我或是影响了我，其实都是不准确的。正是这不同文化视域的交织，正是这自身性情与文化传统之间的交响，那幽寂的每一口茶，痛快的每一口酒，都在不同的方向与强度上涵养着这个作为具体的手艺人的我的生命性情。

这也将是我的作品和它所呈现的性情。这也必是我和我的作品所共有的命运。

但器物毕竟有器物自身存在的真实，它不纯粹以我主观意愿为转移，它一直都是真的，一直都有着自己的身份、自己的使命。而这才是我觉得真正好玩之处，这是一种相当具体的陈述，它有它要表达的真实自我，那是它的生命感。

每个人都有自己的生命感，也都有着每个人的天赋。

幸运的人，你的命运终会领你回到本适合你去走，甚至是你逃脱不去的一条道路上。这是永远该你做，而你不得不做的事。天职——就是老天爷给饭。是你的命运领你寻回了本来就属于你的角色。你做得顺手，你做得安心。从活着到活好。

你用自己的手艺养家糊口，同时做着自己最爱的事，正好你有天赋。

这是我眼里的莫大幸福。

所以，在我看来，时下人们喜欢表彰“专注”，但“专注”本身不是一种多么了不起的能力，它被过多地夸赞了，如果你做的是你所爱的事，并与你的天赋相保持，那专注只是一种很自然的能力。反之，如果一件事总让你很为难，让你无法投入其中，它其实正在向你提供一面镜子，人更需要细细打量自己，这到底是不是自己真正的“选择”。

因此，不论是怎样走上这样一条路，无论如何都需要着坚持。这是在我看来远比专注更艰难更宝贵的品质。坚持是具有苦难性的。不仅仅是这种日复一日的枯燥要求着人心的恒性，有时生存会以一种意想不到的冷漠就这样摆在眼前。生存与理想之争，更需要一种寒冷彻骨的坚持，一种无太多利害感的漠然性，如果你向往的是高处。

人人都向往一种相对优渥而顺利的路径，但事态之间也常存有明显冲突。人是很软弱的，这种坚持会慢慢煎熬出一种苦难的色彩，在取舍之中，总有一些不得已的放弃，这样的放弃与坚持又意味着什么，也只有自己的内心才真正清楚。

“侘寂”更是一种现实的生活形态。具有一种精神修炼的意味。这种意味在我的生命中，以“锔修”为某种缘起，“锔”带来我对器物、对生活的一种不同以往的理解与感情。在这种景象中，默然行走，安心踏实，不断获得自己。今日的生活形态允许我、驱动我能够有更多的表达，为此我一直在尝试，一直在学习。由修到造，修造、金工、漆造皆然。而今，我更愿意说我是一个“做东西的人”。即便是从前，我也从未放弃过在“修”中坚持着“造”的维度，即使是“锔”这样表达性不是很强的技艺，我也坚持着在“锔活”中既要符合力学，更要融入美学的信念。而今，随着对器物理解的不断拓宽与深入，以及对技术掌握的不断丰富，我可以采取更为多样、更富表达性的方式，“寓造于修”。

只有做到了，才会真正明白。

生活形态决定对生活的观念与态度。我，活在修造之中。

我诠释的“侘寂”，就是眼下我的一种生活。■

▼宋　茶洋窑　雕刻

◀民国　煮茶壶 雕刻

那個山頭

# 曹庆励

1974 年生
广西柳州人
现居福州
职业手艺人（修造·金工锻造）

面宽，有须。
内直，有拗。
肩亦宽，适宜挑一担箩筐。
背仍宽，按老人家的说法是，摆得下几桌酒菜。
幼读学堂，不求甚解，亦不知匠心为何物。
及壮，染茶癖，以呷一盏好茶为乐，以得一把美器为荣，
每每懵然而不得其法。偶犯酒疵，一杯下肚，心若猛虎。
继则，始负笈游学。
若干年来，跋涉山南水北，由茶及器，由器及艺，由艺及人，
由人及事，由事及茶，渐与万物礼遇，与不断新生之自我相遇。
乃嗅蔷薇。
乃喜。
及今，身负手艺人之名，终不敢有负守艺之心也。
一器，一人，津梁万物。

乌鸦酱，本名周昂，独立摄影师。“那个山头”专职摄影，手艺人。居于福州左海畔，工于乌龙江边，向往不务正业之事，善摄。曾就职于多家媒体，现于曹庆励老师门下进修学习。

# 摄纪

在这个快节奏的时代，作为摄影人，我一直不太有机会长期跟随记录某一个题材，几乎都是蜻蜓点水式的拍摄工作——高频率、碎片化的接触，人为地加速整个拍摄进度，这样的工作让自己充满着迷茫、不安和对摄影的倦怠。直到遇上师父曹老师，他对事物的态度，对器物的感觉，让我又重拾起对摄影的热忱。

认识曹老师六七年的时间，经历了他的草创期—稳定期—创新期，如同剑道上讲究的“守破离”。在这段时间里，我跟随着师父，看着器物从他的手上一件件诞生，我也获得机会能够近距离地欣赏老物件，观摩创作过程。更加发现，再用“存在感”“生命力”这样的词汇去描述器物所具有的那种无法定义的气息，是苍白无力的。尽管这些作品正从内部散发着某种东西，却又是完全悄无声息的。这玄之又玄的东西，我只能用摄影这种方式一路记录着。

对我来说，拍摄就应该是记录置于镜头前的必然真实之物，师父的作品就是这样的：真实又不浮夸，甚至是放大缺陷的，把玩中不会不适，让人充满期待与惊喜。我的工作就是让图片成为器物的另一种延续，准确地把握器物之型，扩大感观，在不争不抢中加深大家对器物之美的感受。再加上照片拥有着证据性，这最原始的本质，它的证言不在物而在时间上。期待着未来，随着师父的器物越来越多地被收藏，离开“那个山头”，离开师父，慢慢地消失在大众面前的时候，这些图片从来不会离开，也不会消失，希望它们能给以后的人留下对师父的“修造”记忆，我就心安了！

作为弟子，免不了深植其中的尊重与偏爱。正因这种自知，我一直努力保持自己独立摄影人的一重视角，敬畏着镜头赋予的特殊语言，完成这熟悉与客观并行的记录。■

周昂

2020 年秋

# 致谢

此书完成，赖以夫人刘芳和女儿语清的体谅与支持。夫人是位内心完整的人，一直包容我许多缺失。这些年语清在她的陪伴与照顾下健康成长，今值金钗之年，唯夫人可居此功。此爱可感，正因如此才有机会在此表达。

惭愧，惭愧。

亦须诚挚感谢郑冬荣、林继来、陈伟浩、周昂等几位朋友，没有你们的衷心支持与无私帮助，此书必会遥遥无期。

衷心感谢所有参与此书摄影、编辑、设计等工作的人员，感谢你们的出力与奔波，你们的辛勤在此得以呈现！

曹庆励

写于福州

2021 年 5 月

**图书在版编目（CIP）数据**

修造 / 曹庆励著 . — 北京 : 中国轻工业出版社，2021.10

ISBN 978-7-5184-3571-5

Ⅰ . ①修… Ⅱ . ①曹… Ⅲ . ①瓷器（考古）—修复—工艺美术—中国 Ⅳ . ① K876.34

中国版本图书馆 CIP 数据核字 (2021) 第 130370 号

责任编辑：杨　迪　　责任终审：高惠京　　整体设计：壹号书社
策划编辑：龙志丹　杨　迪　　责任校对：晋　洁　　责任监印：张京华

出版发行：中国轻工业出版社（北京东长安街 6 号，邮编：100740)
印　　刷：北京雅昌艺术印刷有限公司
经　　销：各地新华书店
版　　次：2021 年 10 月第 1 版第 1 次印刷
开　　本：787×1092　1/16　印张：16.75
字　　数：200 千字
书　　号：ISBN 978-7-5184-3571-5　定价：298.00 元
邮购电话：010-65241695
发行电话：010-85119835　传真：85113293
网　　址：http://www.chlip.com.cn
Email : club@chlip.com.cn
如发现图书残缺请与我社邮购联系调换
210405S6X101ZBW